大人美容

始めること、やめること

地曳いく子
山本浩未

宝島社

はじめに――「ドライフルーツ世代」の美味しい生き方

地曳いく子

同窓会で久しぶりに会った同級生。昔、目立たなかった人が、急に素敵な大人になっていてびっくりしたことはありませんか？　逆に、美人さんだった人が疲れた感じになって、ちょっと残念な印象になっていることも。

この差って、なんなのでしょう？

若い頃は誰もが生まれ持った容姿に左右された「見た目」も、私たちくらいの年代になると、持って生まれた容姿より、その人が過ごしてきた人生や日頃のお手入れで大きな差が出てくる。ある意味、自分の人生の歴史が「見た目」になっているのではないか――と思います。

だったら逆転、「見た目」巻き返しのチャンスあり⁉

こんな話をヘアメイクアップアーティストの山本浩未さんと話していて、この本を作ることになりました。

撮影でご一緒するほかにプライベートでも仲良くさせていただいている浩未さん。彼女は「美容のプロ」ですし、私は撮影現場でン十年、プロの技を見続けてきた、いわゆる「素人の美容オタク」。

あるとき、この二人が「大人美容」について同じことを考えていたことがわかりました。

最新美容情報から、祖母や母の代から受け継いできた昔ながらの毎日のお手入れまで、「オトナ女史」の私たちが、毎日したほうが良いこと、やめたほうが良いことについて、二人で喋りまくった内容をまとめたのがこの本です。

アンチエイジングって、老けて見えないということですよね？　でも、それは自分が若くイケていた時代に時計を巻き戻すということではなく、今の時代とシンクロして生きている、ということではないでしょうか。若い頃流行っていたメイクや美容のやり方に囚われていたら、今の人から見ればシーラカンス。「頑張っているけどイタイ、古い人」にしか見えません。

時を止めたらそこで終わり。「終わっている人」になってしまいます。

今は、伝統的なものやオーガニックなものと、最新テクノロジーの両方をうまく使い分けて生きる時代です。高いクリームを買っただけでは安心できませんし、私たち二人が「黒魔術」（笑）と呼んでいる美容医療に手を出しても、最後はそのあとのお手入れ次第。毎日できることとの「白魔術」で、その効果は違ってきます。

年齢を重ねると、肌も心も「ドライフルーツ化」してきますよね？　そのまま、みずみずしい「フレッシュフルーツ」の若者たちと張り合おうと思ってはいけません。

さすがに生では食べられない私たちですが、取り扱い次第で「ドライフルーツ」もそれなりに美味しくいただけます。お肌も同じ。私たちに合ったお手入れ方法を続ければ、手間と時間をかけた美味しい「高級ドライフルーツ」になれるのです。

人生、毎日が楽しいことばかりではありません。

でも自分が昨日よりちょっとキレイに見えたりしたら、それだけで少しはハッピー。たとえば、ハンドクリームを塗って、大好きなブランドの新色ネイルを塗ってみる。そしてキレイになった自分の指先を眺める——そんなことで気持ちが上がってしまうのが「オトナ女史」です。「大人美容」は、見た目だけでなく、心も上げてくれるのです。

さらに、歳を取っても毎日のお手入れ次第では逆転のチャンスも。若い頃はどうしても負けていたかわい子ちゃんタイプにすら勝てるかも？の「美容下克上」だって起きちゃうのが、21世紀に生きる私たちおばさまです。

目指すは、日々、少しだけ美しくなる「経年美化」。

ハッピーになるためにも、今日から「大人美容」、始めてみませんか。

目次

chapter 1
テーマは「今っぽく、感じよく」

Hiromi's TIPS

chapter 2 大人がやるべきことはこれ！ ヘア編

Ikuko's EYE

Hiromi's TIPS

chapter
3
大人がやるべきことはこれ！　メイク編

chapter

4

大人がやるべきことはこれ！ スキンケア編

Hiromi's TIPS

chapter 5

「ちょっと先」のキレイを育てよう

Ikuko's EYE

Hiromi's TIPS

編集　小嶋優子
構成　植田裕子
プロフィール写真　宮本直孝
カバーイラスト　宮原葉月
本文イラスト　Shapre
ブックデザイン　小口翔平＋喜來詩織＋山之口正和（tobufune）
DTP　藤原政則（アイ・ハブ）

chapter

1

テーマは「今っぽく、感じよく」

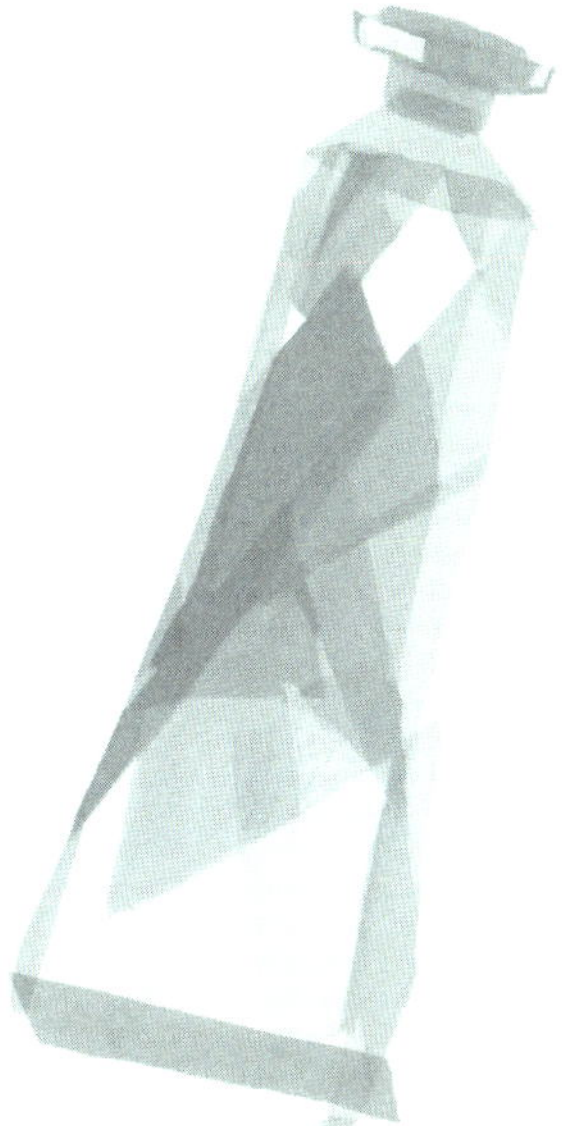

大人のキレイは、「今」を知ることから始まる

地曳 50代に入ってからは、「大人のキレイ」っていうのが、仕事でもプライベートでも大きなテーマなのよね。誰でも歳は取る。つまり、山に登ったら下りるのが当たり前。じゃあ、ゆっくり楽しく下りるにはどうしたらいいの？っていうことを、美のプロである浩未さんと一緒に考えたいと思って。

山本 そうね。「今よりもうちょっと楽しく生きたい」とか、「キレイになりたい」と思ったら、やっぱり少々の努力は必要だものね。

地曳 でも、「頂点を目指しましょう！」っていうことじゃないのよね。「大人のキレイ」っていうと、なんだかすごい奇跡のようなことを求めてしまいがちだけど、なにも大人全員が美魔女にならなくてもいいんじゃないかと思って。

山本 そうよ〜、**美魔女ってプロのアスリートみたいなもの**だもの。

地曳 今からオリンピックを目指すのもいいけど、ストイックになりすぎて心が折れ

ちゃったら、本末転倒だものね。それより、私が提案したいのは「**アップデート（更新）を心がける**」ということ。これを基本にすれば、オバサン化は防げると思うのよ。

山本　同じ場所に居続けない、っていうこと？

地曳　そうなの。流行のおしゃれな服でもずっと着続けていたら、いずれ古くなって「今」のおしゃれとはズレてくるでしょ？　そのズレが、「古い・ダサい」っていうオバサン見えの原因なんだけど、つねに「今」を意識している人は、ずっと「今っぽい素敵な大人」に見えるの。

山本　おっしゃるとおりね。化粧品も、ずっと同じものを使っていたらキレイでい続けるのは難しい。ファンデーションなんか、一見同じように見えても使用感は進化してるし、質感には流行があるもの。

地曳　口紅やアイシャドウも「この色持ってる」と思っても、今年のものをつけるとやっぱり違うのよね。キレイになるにしても、「今のキレイ」にならなくちゃ。

山本　今を意識するっていう意味では、「今の自分」を見つめることもすごく大事ね。今の自分の状況を、よく見てよく知ること。そうすると、今の自分に必要なメイク、今必要なスキンケアは何か、キレイをアップデートするヒントが見つかるから。

地曳 今の自分から逃げちゃいけないのよね。若い頃ほどには鏡を見るのは楽しくないけれど、でもちゃんと向き合ってあげるのは心の面からも大事なことだと思う。後ろばかり見ていると、今の自分とのギャップがどんどん開いて、よけいに心がつらくなるから。若い頃の自分に戻りたい気持ちはもちろん私にもあるけど、「大人のキレイ」って、若見えにこだわることじゃないと思うの。「どうして若くなれないんだろう」って考えていたら、そりゃあ鬱《うつ》にもなるわよ。今の自分を見てあげて、「今の私ができることは何だろう」っていう視点になればいいのよね。

山本 そうそう。そうしてアップデートを続けていれば、ずっと「**最新の大人**」でいられるじゃない?

地曳 「**今のキレイを知る、今の自分を知る**」。これは標語にしなくちゃ。

必要なのは、「ひと手間」の意識

山本 若い頃はそんなこと考えずに、ありのままでもかわいくいられて楽だったけど、今は今。大人はやっぱり、ちょっと意識してあげたり、ひと手間かけてあげたりしないとね。

地曳　**基礎工事の丁寧さがものを言う**、みたいなことよね。モデルさんでも、大人モデルの場合はひと手間かけてるもの。朝、スタジオに来たら、まずメイクさんがスチーム当てて、マッサージして、パックして、それからメイクするでしょ？

山本　そうなの。そのひと手間があるとないとでは、ぜんぜん違うから。

地曳　メイク直しの回数も少なくて済むしね。

山本　大人ってね、やっぱり手間がかかるのよ。赤ちゃんや若い子のように、何もしないでキレイというわけにはいかない、これはしかたない。だから大人のみなさんには、アップデートと一緒に「**ひと手間かける意識**」というのも、私から提案したいな。ひと手間かけてボリュームを出すとか、ひと手間かけて清潔感を出すとか。

地曳　大人に足りないものを補うためのひと手間、っていうことね。

山本　そう。たとえばメイクなら、口紅を塗ったあとでいいからリップラインを整えるとか。大人の顔ってゆるみやたるみが出てくるんだけど、ひと手間かけてラインを整えれば、ゆるんだ輪郭が整って清潔感が出るの。

地曳　そういう手間をかけた者勝ちなのよね、大人は。マスカラをつけるときも、私はか

山本　ならずマスカラ下地を仕込んでるもの。まつ毛が細く少なくなってきてるから。いく子さん、さすが！　そういうことなのよ。「ひと手間増やすことに、そんなに効果があるの？」って思われるかもしれないけど、若い頃は元がキレイだから、いろいろやってもイマイチ効果がわからないの。でも大人の今になったら、そういう**仕込みのひと手間がすごーく効く**のがわかるから（笑）。だからこそ楽しいし、モチベーションも上がるのよ。

女性は50歳を過ぎたら、自分を育てる番

地曳　若い子っていうのは、ポンとふくらんだスポンジケーキなのよね。だから、そのままホイップクリームを塗るだけで美味しそうになる。でも、大人はどうしても土台がしぼんでくるから、ひと手間重ねて、またひと手間重ねて、ミルクレープみたいにしてあげなきゃいけないのね。**手間を重ねて、美味しそうなボリュームを出す。**それが大人美容。

山本　おっしゃるとおり。でも、そういういろいろなものがグラデーションになって重なっていることこそが、大人の魅力だと思うんだよね。経験を積んだり、年齢を重

ねることもそうでしょ？　だから、ひと手間を面倒とは思わず、重ねることに意味や楽しみを見いだしていってほしいな。

地曳　お手入れなんて、まさに手間の積み重ねだものね。お風呂から上がったらすぐ保湿するとか、手を洗うたびにハンドクリームを塗るとか。若い頃はそんなにお手入れの差なんてわからなくて、「美人が勝ち、ブスは負け」っていうつらい絶対法則があったけど、そこに**下克上が起きるのが大人世代**なのよ。

山本　それは、本当にそう思う。同窓会なんかすると、昔は目立たなかったのにすごく素敵になってる人がいたりね。

地曳　逆に、若い頃キレイだった人でも、手間をかけずにいるとなんだかしぼんじゃったりして。そういう、積み重ねの差が出てくるのが今なの。

山本　50代のキレイなモデルさんに話を聞いてみると、「どんなに疲れていてもお化粧だけは寝る前に落としていた」とか、「5分間だけストレッチを欠かさずやっていた」とか、何かしら続けてきたことがかならずあるのね。やっぱり、手間をかけた分だけ差が出るし、その人がどういうふうになるかが決まる。

地曳　「手間」っていうと面倒そうに聞こえるかもしれないけれど、園芸みたいに手をかけてかわいがればちゃんとお花が咲くわけで、自分を育てるんだと思ったら楽しいわよね？　ほうっておいて枯らしちゃうより。

山本　うん。女の人は育てるのが得意だから、本質的にはみんなに向いているんじゃないかなと思うしね。

地曳　女性は、50歳過ぎたら自分を育てる番ね。子供とか部下とか、今までいろいろな人を育ててきたんだから、今度は自分を育ててみる。

山本　ストレッチを頑張るとか、マッサージを頑張るとか、ひとつ好きなことを続けるだけでも十分だものね。プロのヘアメイクの私でも、あれもこれも全部をやるのは無理だと思ってる。なにより、少しでも「続けられる」っていうことがいちばん大切。

地曳　たとえ今は足のかかとが割れちゃってるような状態でも、今日から頑張り始めれば、来年の同窓会までにはヌーディなサンダルも履けちゃう見違えるような足になるかもしれない。かつてのかわいい子ウサギちゃんにも、逆転勝ちするチャンスよ。まさにウサギとカメ！

山本　そうよ、そうよ（笑）。

今っぽく、感じよく生きていこう

地曳 「どうしてキレイになりたいのか」っていったら、それはもちろん自分のためなんだけど、人のためでもあると思うのよね。

山本 うん、私もメイクは周囲への気遣いだと思ってる。ぶっちゃけ、誰だって疲れたオバサンなんか見たくないじゃない（笑）。

地曳 そうよね、枯れそうなお花を見ると悲しくなるのと一緒で、乾いたオバサンを見たらみんな悲しくなるだろうし。もはやエチケットよ、「大人のキレイ」は。

山本 実際、キレイにしたほうが、大人は格段に感じよく見えるから。くすみやたるみが出た素顔そのままでいると、「疲れてるの？」「機嫌悪いの？」って思われちゃうけど、アイラインで目元をくっきりさせたり、チークで血色を足したりすると、いきいきして明るい表情になるでしょ。すると、「**感じがいいな**」**っていう印象を受け取ってもらえる**の。

地曳 感じがよくて、今っぽい大人の女性が周りにいたら、誰でもうれしくなるわよね。若い人も、「こういう大人なら仲良くしたいな」と思うかもしれないしね！

山本 うん、人の反応は絶対に変わるね。

地曳 逆に、大人が髪もとかさず外に出たりすると、悲しいことに遭いやすいと思う。順番を抜かされちゃったり、店員さんにぞんざいにされたり……「やっぱりオバサン扱い？」って落ち込んじゃう。**キレイになるって、自分を守ることでもある**かもしれないわね。きちんとしていれば、どこでも丁寧に優しくしてもらえるもの。

山本 そう、キレイで素敵な大人って、リスペクトされるのよね。

地曳 これからの大人の理想は「今っぽく、感じよく」ね。そうして生きていったら、「山下り」の毎日も明るくなりそうだわ。

同じ化粧品を使い続けない

毎年どこでも売られている、Vネックのセーターやシンプルなシャツ。一見同じようでいて、よく見ると実は、身幅・肩のラインなどが少しずつ変わっています。だから、同じセーターやシャツでも数年に一度買い替えていると、「いつ見ても今っぽくて素敵」という印象でいられるのです。

化粧品の場合も、私は2年に1回のタイミングで「アップデート」を行なっています。ファンデーション・アイシャドウ・口紅といったメイクアップアイテムを見直して、今の気分に合っていないものは、思いきって整理。

パッと見は同じような色でも、新しいものをつけてみると違うのは「質感」。ファンデーションのツヤ感、アイシャドウのパール感、口紅の発色……こうした、新しい質感が「今っぽい顔」を作ってくれるわけです。

From Hiromi

化粧品には流行のほか、「使用期限」というタイムリミットもあるんです。クリームは開封してから1年、マスカラも空気にふれた瞬間から劣化が始まるので、1カ月で別ものに変わってしまいます。私は、化粧品に購入年月日のラベルを貼って管理していますよ。

古い美容知識をデトックス

昔はファンデーションに「標準色」というものがあって、ファッション誌の撮影現場でもモデルの顔色を全員同じに仕上げないと、カメラマンに叱られたものです。

もちろん、今の現場でそんなことはしていませんし、顔色は人それぞれ違うのが当たり前。昔と今では、雑誌の撮影でもメイクのルールや常識がこのくらい変わってきているんですね。

こうした古い美容知識に、いまだにうっかりしばられていることが多いのが私たち大人世代。ときには百貨店のコスメカウンターに出向いて、美容部員さんから最新のメイクの仕方を教えてもらうことをおすすめします。

アイブロウペンシル1本、口紅1本など、ちょっとしたお買い物をするだけで、タッチアップしながらいろいろなことを教えてもらえますよ。

From Hiromi

あとの章で、「今のキレイ」をたくさんご紹介しますのでお楽しみに！　ちなみに、ファンデ選びの正解は「自分の顔が映える色」。昔は、「ファンデーションとは実際の肌色に合わせるもの」といわれてきましたが、それでは白すぎたりくすんで見える場合もあるんです。

勝負は、販売員さん選びから始まっている！

手っ取り早く自分をアップデートするには、プロの力を借りるのがいちばん。ですが、力を借りる相手を間違えてしまうと逆効果。たとえば、若～い美容部員さんに担当してもらうと、私たち大人がやったら「酔ってるの？」と言われるような、流行りのおてもやんメイクにされてしまうかも……！

そんな悲しい事態を防ぐには、百貨店のコスメカウンターに行ったら、自分が「素敵」「キレイ」と思うメイクをした、お姉さま美容部員さんに声をかけること。「私もあんな顔を作りたい！」と思える人から、化粧品を買うのです。もちろん、服を買うときも「この人、おしゃれでかっこいいわ」と思う販売員さんから買ってください。

「なんだかダサい」とか、「オバサンっぽい」と感じる人に、自分をゆだねてはいけません。その人が悪いというのではなく、自分とのフィーリングが合わないから。

やはり、**「人は見た目」**なのです。

From Hiromi

いいなと思うメイクをしている美容部員さんは、自分と「キレイの好み」が合っているということですから、たしかに間違いないですよね。安心して、センスやテクニックを吸収しちゃいましょう！

IKUKO'S EYE

「大人の化粧品＝高級品」とは限りません

今のファッションは「ハイ＆ロー」が常識。全身ハイブランドでコンサバに固めるより、少々カジュアルダウンさせたほうがかっこいい時代です。

メイクも、高級な化粧品だけでフルメイクすると、なんだか妙に「立派な顔」になってしまうもの。要は、**ちゃんとしすぎると老けて見える**のです。

あえてそういうゴージャスなイメージを目指すならオール高級品でもいいと思いますが、「今っぽく、感じよく」なら、大人も少々プチプラやドラッグストアコスメを混ぜたほうが、ほどよくエッジィになります。私も実は、KATEやマジョリカ マジョルカを使ったりしているのです。でも、だからといって、全部プチプラにしてしまうと大人はイタくなる場合もあるので要注意。

服と同じように、「試してみたい色をまずプチプラで取り入れてみる」。あるいは、「リキッドアイライナーやマスカラなど、攻め系のアイテムだけ若い子ブランドにする」「チークはプチプラでも、チークブラシはいいものを使う」というように、ハイ&ローを上手にミックスすると、予算をつぎ込まなくとも「今っぽい大人の顔」を作ることができます。

From Hiromi

アイライナー、アイブロウペンシル、マスカラなどの「**棒もの**」は、**質に差が出にくいのでプチプラでOK！** プチプラでいろいろ試すのも楽しいものです。いっぽう、ポーチから出すことの多い口紅は、いいものを選ぶとメイク直しのたびに気分が上がりますよ。

「ひと手間」を習慣にするための「洗面台置き」

「よし、今日からお手入れひと手間を頑張ろう！」と決心しても、それを忘れてしまっては意味がありませんよね。

私はいつも、まつ毛美容液を塗るのを忘れていたので、洗面台の歯ブラシ置き場に置いて、朝晩歯を磨くついでに塗るようにしました。2カ月もするとちゃんと生えてきて、「やっぱり続ければ効果があるんだ！」と感動。以来、ハンドクリーム、ボディクリームなど習慣づけたい基本アイテムは、全部洗面台に置いています。
習慣にしたほうがいいものは、置き場所を工夫すると忘れにくく、面倒にもなりません。

From Hiromi

実は私も、某女優さんから同じことを教わって、洗面台に必要なものを置くようになりました。私が「絶対に使いたいもの」として置いているのは、目薬、それからメイクの小道具である毛抜き・綿棒です。ポイントは、「立てて置く」ということ。歯ブラシも、ふつう寝かせては置かないですよね？　立てて置けば必ず目につくし、すぐ手にとって使い始めることができます。

拡大鏡で、今の自分を見つめましょう

「これからキレイを頑張ってみよう」と思ったら、まず手にしていただきたいの

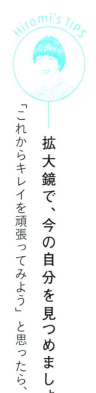

が拡大鏡。大人のキレイには、絶対に欠かせないアイテムです。

おすすめは、拡大率10倍のもの。手のひらサイズでかまいません。

そして、「今の自分の顔」を、パーツごとにしっかり観察してみてください。毛穴の開き、テカリ、ラインの歪み……。

ショックを受けるかもしれませんが、それは真実を知ること。今の状況を知らないと、ワンステップ上には行けないわけです。それに、最初はショックを受けてもだんだん慣れてくるので大丈夫！(笑)

大人が拡大鏡を見ずにメイクをするのは、目を閉じてメイクをするようなものだと思ってください。逆に、見えればなんとかなるもの（もちろん、明るい場所でメイクする、というのも必須です）。

メイク直しも、拡大鏡でチェックして修正すれば、格段に清潔感が違ってきますよ。

From Ikuko

拡大鏡でチェックしないというのは、体重計に毎日乗らないで、知らずにどんどん太ってしまうようなもの。キレイになりたかったら、まず自分の「今」を見つめること。傾向を知ってこそ、対策を立てられるのです。

大人のメイクは「土台の立て直し」

20代と大人世代では、キレイの作り方は違います。

若い人のメイクは、あらかじめできあがっている土台に、好きな色を塗って遊ぶような感覚。ですが、私たち大人に必要なのは、弱った土台をキレイに固め直してあげるという「立て直し」のメイクなのです。

そこでまず、「大人とはどういう顔をしているのか」という、土台の状態について知っておきましょう。毎日見ているとわかりにくいところもありますが、大人の顔にはさまざまな変化が起きているのです。

まず、顔全体。お肉がついて横に広がるほか、縦にも伸びています。目と眉の間や、鼻の下が、若い頃より間延びするのです。

いっぽう、口元は小さくしぼんだ形になります。生まれたばかりのときは、誰でも上唇が富士山のようにツンとふっくらしていますが、だんだんそれがしぼんでいって、立体感がなくなるのです。

カバーすべきポイントは、こういう「型崩れ」している部分。これをメイクで「立て直し」して、若い頃の素顔に近づけるのが大人のメイクなのだ、ということをまず念頭に置いておきましょう。

From Ikuko

私も最近、眉は下側に太めに描いて「間延びを埋める」、ハイライトを上唇の山にものせて「ボリュームを出す」、リップラインをオーバー気味に描いて「ふっくら見せる」。というように、メイクをアップデートしました。若い子のメイクとは、目的が違うから、やり方も変わる。大人はまず、**メイクの認識を変える必要**があるんですね。

化粧品は、敵ではありません

「化粧品は肌によくない」と、なんとなく思っていませんか？

じっさい、私が子供の頃は「つけると肌が荒れる」「化粧品は毒だ」と言わざるを得ない、粗悪なものも多くありました。

けれど、今や化粧品は、科学の進歩とともに目覚ましい進化を遂げています。

たとえば、17～18年くらい前、「マスカラ戦国時代」といわれる、各社の開発競争が起こり、マスカラの機能が急成長しました。それまでのマスカラは、夕方になるとにじんでパンダ目になるのがお決まりでしたが、ほとんどにじまなくなったばかりか、「長く伸びる」「ボリュームが出る」「カールがつく」「落ちない」など、多くの機能が実現したのです。

マスカラだけではありません。ファンデーションやポイントメイクも、「色が肌から浮かない」「にじまない」「見たまま発色する」など、昔からすると夢のようなことが全部叶うようになりましたし、自然素材と科学の粋を合体させたハイテク化粧水やクリームが、どんどん生まれました。

今や、化粧品は敵ではありません。私たちの味方なのです。

化粧品が悪さをしてしまう原因は、必要がなくなったものをいつまでも肌にのせている場合がほとんど。きちんと落とせていなかったり、長時間つけ続けたままにしていたりすると、残った化粧品は肌の上でだんだん酸化していきます。これが、肌荒れの原因です。

大人のキレイには、メイクもスキンケアもけっして欠かせません。正しくつき合えば、化粧品はすばらしい力を発揮してくれる。せっかく今を生きているのですから、化粧品の進化の恩恵を受けない手はない、そう思いませんか？

From Ikuko

メイクを始めてから四半世紀も経つような私たち大人世代は、ぼんやりしているとすぐ「**美容浦島太郎**」になってしまいます。同じメーカー・同じブランドのファンデーションでも、3年も経てばハンパない進化ぶり！　化粧水やクリームも同様です。試してみる価値はありますよ。

「ふつうにキレイ」って、どれくらいキレイ？

「感じのいい大人」のキレイとは、すごくはりきったメイクやファッションをすることではないと思います。極端な頑張り感や不自然さではなく、「ふつうにキレイ」。それが、周りの人にも好ましく感じられるもの。でも、その「ふつう」ってどのくらいのことなのか、よくわかりませんよね。

ヘアメイクとして、私が思う「ふつうのキレイ」とは、「地下鉄で美人に見える」ということです。

地下鉄というのは、日常的なシチュエーションの代表。でも、地下鉄の窓ガラスに映った自分の顔を見て、ぎょっとしたことはありませんか？　地下鉄では頭の真上から蛍光灯が当たるので、目の下のたるみやほうれい線が強調されてしまうのです。こういう状況でもなるべくキレイに見えることが、「ふつうのキレイ」の基準です。

地下鉄で見える顔の影は、ふだんは見えていない自分の弱点。つまり窓ガラスに映った顔は、「今のまま何もしないでいるとこうなりますよ」という、少し先の未来の顔なのです。弱点がわかれば、やるべきこともわかるというもの。メイクでハイライトを足したり、アイクリームなどのスキンケアを強化したりして影をうまくコントロールすれば、キレイ度が上がるわけです。

ただ、そうは言っても、私たち大人世代はそれだけではフォローしきれないのも事実。そこでもうひとつ取り入れたいのが、「表情づけ」です。

私たちは生きている人間であって、写真の中で静止しているわけではありません。笑ったり、まばたきしたりと、つねに動いているもの。こうした自然な顔の動きもうまく使って、「ふつうのキレイ」を作るのです。

もし、地下鉄の窓ガラスを見て「あっ、ほうれい線が……」と思ったら、ちょっと口角を上げてみましょう。目元がぼんやりしていたら、目をぱっちり開けて。顔のたるみが気になったら、あごを上げ気味にして姿勢よく。こうすると、気持ちも明るくシャッキリと切り替えられます。

キレイになるにはひとつの方法だけに頼らず、「あの手この手」を使った者勝ちなのです！

From Ikuko

地下鉄の窓ガラスって、まるで童話の『白雪姫』に出てくる「魔法の鏡」のよう！

私も今や、感情移入するのは白雪姫のお母さん（継母）側。彼女が「世界一美しいのは誰？」と鏡に聞いて自分の顔が映らず、がっかりしたように、私も窓ガラスに映った自分の顔に憂鬱な気持ちになったこともあります。

ここで継母のように若い子と張り合おうとすると、もう毒リンゴを盛るしかないわけです（笑）。

「魔法の鏡」を「良い魔法の鏡」として使うか、「悪い魔法の鏡」にしてしまうかは自分しだい。お母さんは、魔法の鏡を「悪い鏡」として使ってしまったわけです。

若い子は若い子、大人は大人。私は、「早めに弱点を教えてくれてありがとう」という気持ちで、地下鉄の窓ガラスに映る自分をチェックし、弱点強化に役立てています。

メイクだけでもダメ、服だけでもダメ

「メイクだけ頑張っていて、髪が残念」「服がおしゃれでも、すっぴん」

こんなふうに力のかけ方が偏っていると、キレイな印象は作れません。

若いうちは土台のボリュームがしっかりしているので「一点盛り」でもなんとかなるのですが、土台がさびしい大人世代が「一点盛り」では、どうしてもパワー不足になってしまうのです。

ファッションに勢いがある時代を過ごしてきた私たち世代は、「コムデギャルソンの服にノーメイク」といったスタイルが得意ですが、それを今やってしまったら、まるで魔法使いのおばあさん。かといってメイクを頑張りすぎると、「バブル期再来?」になってしまいます。

「いろいろなところを、ちょこっとずつ頑張る」

これが、これからの大人のキレイの基本です。

From Ikuko

ただし、すべてに力をかけすぎてしまうと、それはそれで今っぽく見えません。服にもメイクにも「カジュアル感」をうまく取り入れている人が、今っぽく感じよく見える時代なのです。コンサバスーツにフルメイクで貫禄たっぷりになるのは、20～30年後くらいの「素敵なおばあさま期」まで取っておいてもよいかもしれませんね。

chapter

2

大人がやるべきことはこれ！　ヘア編

髪が変われば、すべてが変わる

地曳 「服だけでキレイは作れない」というのは、スタイリストである私自身、よくわかってるの。キレイは、服・髪・メイク、これらのトータルで作るもの。でも、そのなかでもいちばん影響力があるのが髪なのよね。

山本 うん、実は顔より髪。髪って、その人の「形」を作るものだからね。大人って、いろいろなところがゆるんだりたるんだりして「型崩れ」してくるでしょ？ だから「形」を整えると、印象が大きく変わるのよ。

地曳 なるほど。**内側を塗る前に、外側の輪郭《りんかく》を描き直すほうが、効率がいい**のね。重心を上げたり、キュッと引き締めたり。

山本 そうそう。そうしてボディの形を整えてくれるのが服で、ボディと顔の両方にかかわるのが髪なの。この2つの形が整ったうえに、メイクとかのディテールがくるわけ。

地曳　ということは、髪をほったらかしていたら絶対キレイにはなれない、ということね。

山本　本当にそう。ヘアカットやヘアカラーって、そんなに長期間もたないじゃない？　よほど自分で上手にキープできる人でもない限り、美容院にはできるだけ通ったほうが絶対キレイになれるよね。

地曳　浩未さんはまめに通ってるのわかるわよ、その前髪を見れば。

山本　これも結局、自分ではそんなにうまくできないけど、美容院におまかせすれば、毛質を活かしてカットしてくれて、毎日簡単に整えられるようにしてくれるでしょ。だから頑張って通ってるわけ、手間だけど。

地曳　出たわ、ここでも「ひと手間」が！

座っただけじゃキレイになれない！

山本　どんな美容師さんがいいかっていうと、ひとつ言えるのは「自分と髪質が似てる人」かな。もし髪が少ないなら、髪が少ない美容師さん。同じ気持ちをわかってくれるじゃない？　分け目が気になるとか、ペタッとするのがいやだとか。

地曳　まあ、髪が多いなら髪が多い美容師さんのほうが、話は早いかもしれないわよね。

山本　そうそう。でも、髪の質や量が似てる人っていうだけじゃなく、好みを理解してくれるかどうかも大事でしょ？　だから、自分に合う美容師さんを探すのは、もう人生のパートナーを探すくらい難しいと思ったほうがいいよね。

地曳　浩未さんの場合、そこはどう見極めてるの？

山本　たとえば初めての美容師さんに頼んで、「よかった」「悪かった」と思うことがあるじゃない？　でも、私は最低3回は通ったほうがいいと思ってるの。コミュニケーションを取らないと、好みや希望をわかってもらえない場合があるから。

地曳　1回目で「よかった」と思っても、それは偶然だったかもしれないしね。で、めでたくいい感じになっても、人生のパートナーと一緒で、あるとき合わなくなっちゃうこともあるし（笑）。私なんか、よく気分やスタイルが変わっちゃうしね。

山本　そうそう。それで「ダメだな」と本当に思ったら、次に移ってもいい。その人が、一生のパートナーじゃないっていうこと。

地曳　私の経験だと、「どのくらいの頻度で髪を洗うか」「タオルドライだけか、ブローをするか」「どんなスタイリング剤を使っているか」っていうことを質問してくる美容院は、みんな当たりだったわ。要は、カットした髪形を自分で再現できるかできないか、チェックしたうえでその人に合う施術をしているんだと思うの。逆に、もし聞かれなかったら自分で申告したほうがいいと思う。洗ったらタオルドライだけとか、ブローするとか、スタイリング剤を使うとか、状況を説明すれば美容師さんもその中でのベストを尽くしてくれるから。たとえ、巻くとすばらしく素敵になる髪形にしてくれたとしても、自分で巻けなかったら、毎日〝巻く前の微妙な髪形〟で過ごすことになるでしょ？　きちんとスタイリングできる人は別だけど。

山本 だから、「座ったらキレイになる」なんて思っちゃダメなんだよね。こちらからも、働きかけないと。

地曳 そうそう。ただ、「スタイルブックを持って行っても同じにはならない」っていうことも、事前に納得しておいたほうがいいわね。

山本 もちろん、持って行けばどういうふうにしたいかはわかってもらえるのよ。だけど、まったく同じにはならないよね。

地曳 そのモデルさんと、髪質と顔の形、額の広さとかが全部同じだったら似た雰囲気になるんだけど。そんなことって、なかなかないものねえ。

大人に「エア感・抜け感」は難しい

山本 髪形のなかでも「フワッと空気を含んだ感じ」とか、エア感のあるスタイルは人気だけど、あれは特に大人には難しいのよね。

地曳 無造作ヘアが素敵に見える芸能人は、ちゃんとプロのヘアメイクさんが計算して完ぺきにスタイリングしてるし、若い人はハリ・ツヤ・ボリュームがあるからいいのよね。

山本 そうそう。ああいうヘアスタイルを似合わせるには、ほかを完ぺきにしなくちゃいけないし。

地曳 でないと、貧乏くさく見えちゃうものね。髪は全体のキレイへの影響力が大きい分、ここを無造作にするのはけっこう賭けなのよ。

山本 「エア感・抜け感」っていうのは、もう大人は捨てたほうがいいよね。大人にとってはね、**後《おく》れ毛は「疲れ毛」**なの（笑）。

地曳 うん、**大人は「抜け感」より「きちんと感」のほうが感じがいい**わよ。くしゃっとしたゆるいまとめ髪も、なんだか生活に疲れてるみたいだもの。

山本 だから、私たちみたいに形がカチッと決まってる髪形は大人向けよね。ヘルメットかぶってるようなものだから（笑）、セットもすごく楽。

地曳 全身のバランスから見ても、大人のショートヘアはおすすめね。ヒールを履けなくなって身長が低くなっても、ショートにすれば頭の重心が上がるから、バランスがよく見える。ロングの人ならまとめてもいいし。

山本 なるほど。そもそも、ロングヘアで清潔感をキープするのって、大人になるとなかなか大変というのもあるしね。

地曳 でしょ？ さらツヤロングをキープできる人はうらやましいわ。でも、こんな私でも若い子のようなロングヘアにしてみたくなるときが、たまにあるわけよ。そういうときは、マルキュー（渋谷１０９）でウィッグを買ってそっとかぶってみたりするの（笑）。

ウィッグを、ポジティブに活用する

山本 ウィッグってすごくいいと思うな。大人世代の中には、まだネガティブな印象を持っている人も少なくないと思うけど、上の年代で若々しくて素敵な女優さんたちって、100%と言ってもいいほどウィッグを使ってる。

地曳 フルウィッグだけじゃなく、ハーフウィッグをつけてる人もいるわね。

山本 そうそう。内側に差し込んで留める板状のエクステンションみたいなものもあるんだけど、それもロングヘアの女優さんはほとんど使ってるし、日本人に比べて毛量が少ない外国人も、若い頃からそういうものを上手に使ってる。ウィッグをネガティブなものと思わず、うまく使いこなせば本当に便利なのよ。

地曳 「足りないところを補う」っていうのは、「大人のキレイ」の基本だものね。

山本 とりあえず、「自毛の間に差し込む」と思えばたいていはうまくつけられるから。たとえば後頭部用のパーツウィッグなら、頭の上にポンとのせるんじゃなく、**自毛の下に差し込んで、上から自毛をかぶせる**ようにするの。そうすると自然になじむ。

地曳 私は、バングス(前髪)のパーツウィッグとかを買ったら、美容院に持って行ってカットしてもらってる。自分に合わせて切ってもらうの。

山本 それも、自然に見せるのに有効なテクニックね。素材的には、人工毛と天然毛がミックスになったものがいちばん自然だと思う。ほどよいボリュームが出て、毛のツヤ感もわざとらしくないの。本当に、今のウィッグはよくできてるのよ。お値段もお手頃なものがいろいろあるし。ボリュームが気になってくる大人世代には、ぜひトライしてみてほしいな。

地曳 髪のボリューム感ひとつで、ファッションも素敵に見えたり野暮ったく見えたりするしね。スタイルって、頭からつま先まで全身のことだから。

髪形をアップデートすれば、新しい自分に会える

山本 「髪形はこれしかしたくない」っていうのは、キレイ的にはもったいないかなと思うのね。ずっと同じでいる私が言うのもなんだけど。

地曳 でも、浩未さんはその中ですごく変えてるじゃない？ 色味を変えたり、バングスをすいたり厚くしたり。アナ・ウィンターもずっと同じボブのようでいて、実は時代によって細かく変えてるのよね。だから、いつ見てもおしゃれ。

山本 うん、そういうアップデートはしてる。髪は切っても伸びるわけだし、一生涯その髪形になってしまうわけじゃないから、やっぱりいろいろやってみるといいよね。変えるのを怖がらないで、っていうこと。似合うかどうか確信が持てなくても、とりあえず新しいスタイルにトライしてみたらすごくうまくいって大好評、っていう

こともあるわけだし。

地曳　一度、「美容師さんにおまかせ」をやってみるのもいいかもね。私はおまかせしすぎなんだけど（笑）。

山本　いく子さんは、いつもされるがままなのよね（笑）。

地曳　今の美容院に通うようになってからはそうなのよ。リーゼントにされ、金髪にされ、最近なんか緑だったの。クリームソーダとタメ張れるくらいの。おかげでライブハウスでは関係者と間違われるしまつで、しかたないから服をコンサバにしてバランスを取って、なんとか乗り越えたんだけどね。まあ、人生に一度くらいはいいかなと思って。

山本　面白い（笑）。ふつうはなかなかそこまで大胆にはできないけど、でもそのくらい髪はやり直しがきくパーツっていうことよね。

地曳　そう。金髪なんか白髪に近い感じだし、意外と自然だったわ。

山本　じゃあ私も、60歳になったらシルバーカラーにしようかな。

地曳　いろいろトライするのは楽しいわよ、新しい自分に会える感じ。自分と「キレイの好み」が合う美容師さんなら、何をしてもそこまでハズれることはないと思うしね。とにかく、相性の合う美容師さんを見つけて、こまめに通えばあとが楽。まあ私は最近、信頼するヘアスタイリストに「モテ髪にして」って頼んだらまたすごいパンク頭にされて、途方に暮れましたけどね（笑）。「これのどこがモテ髪よ！」って言ったら、「ロック好きのいく子さんが狙うような男に対しては、これがモテ髪だから」って言われたわ。

山本　いく子さんをよくわかってる、いい美容師さんじゃない（笑）。

髪にも保湿、始めました

髪が多いうえに丈夫なこともあって、ヘアケアにさほど気を使ってこなかった私。ときには乾かさないで寝てしまうこともあったのですが、激しいヘアカラーを繰り返していると、さすがにダメージが深刻に。そこで、ここ2〜3年はヘアクリームを習慣化しています。

使うのはおもに、夜のお風呂上がりのドライ前。濡れた状態の髪につけてから、ドライヤーで乾かします。朝も少し潤いが足りないと思ったらクリームをプラス。しっとりしてゴワつきがなくなり、スタイリング剤のかわりにもなります。私のように硬くて多い髪質の人は、ボリュームを落ち着かせたいときにもおすすめです。

From Hiromi

逆に、私のように髪が少ない人は、ヘアクリームを使うとペッタリしてしまいがち。乾燥が気になったら、濡れた状態でオイルをほんの少量使うか、ジェルタイプの保湿剤を選ぶと、重さが出にくくさらっと潤いますよ。

Ikuko's EYE

頭皮マッサージで顔もスッキリ

今はいろいろなブランドから頭皮マッサージ用のスカルプブラシが出ていますが、これが本当に効果的。頭皮をよくマッサージすると、地肌はもちろん肩こり・首のこりもスッキリするし、フェイスラインまでリフトアップして、目がぱっちりと開く感じがするのです。

私は、お風呂場と洗面所にウカの「ケンザン」というスカルプブラシを置いて、愛用中。ほか、お風呂に入る前に、ヘアブラシでよくブラッシングして頭皮をマッサージするのも気持ちがいいですし、サエない気分の朝には、ヘアトニックをつけて頭皮マッサージすれば、パチッと目が覚めて気分も上がります。

From Hiromi

頭皮への刺激って、すごく美容効果があるんですよね。私もよく、額から生え際にかけてマッサージしています。額に横ジワができる原因は、ここが下がってくるからなんです。そこで、電動式のブラシで刺激したり、シャンプーのときに指でジグザグに引き上げるようにマッサージすると、顔がキュッと上がります！

ヘアトニックも、昔は「男の人が使うもの」というイメージでしたが、今は女性の薄毛対策用、気持ちをすっきりさせる効果があるものなど、いろいろな種類があります。気分転換も兼ねて、楽しんで使ってみるのもいいですね。

Ikuko's EYE

ドラッグストアのシャンプーもあり

オーガニックブランドなどの高価なシャンプーはもちろん良質ですが、ドラッグストアで量販されているシャンプーも、安いから悪いかというと、けっしてそうではありません。ボリュームアップするものは本当にふんわりするし、落ち着かせるタイプのものはちゃんとしっとりします。

つまり、大量生産されているマスプロダクト商品は、それだけコストを削減してよい品質のものを製造できているということ。ファストファッションのお店で、カシミヤのセーターを安価に売ることができるようなものなのです。

お金をかけなければおしゃれができなかった時代が終わったように、これも時代の変化ですね。予算と好みで、使い分けを楽しんでみてはいかがですか？

From Hiromi

たしかに、今はドラッグストアでも良質なものがいろいろありますよね。とはいえ、何も意識せずに「安いから」というだけで選ばず、髪質に合うものをしっかり吟味してください。合うものを使ってこそ、お買い得な効果を実感できると思います。

白髪のホームケア、ここがポイント

若い頃から髪の量が多く、ボリューム感は足りているのですが、かわりに白髪が悩みの私。美容院でヘアカラーしてもらっても、2週間もすればすぐに白髪は出てきてしまうものです。

そこで、次の予約まではホームケアでリタッチ。私と同じように、生え際に出やすい場合は、マスカラコーム状のカラー剤が使いやすくておすすめ。

ポイントは、真っ黒ではなく、やや明るめのカラーを選ぶことです。次に美容院に行ったとき、真っ黒な部分があるとヘアカラーが均一に染められません。リタッチ中の仕上がりも、やや明るめのほうが悪目立ちせず、塗りムラも気にならないのでおすすめです。

From Hiromi

私も、お風呂に入る前に目立つところを自分でリタッチしています。ホーム用のヘアカラーにはいろいろな種類がありますが、使いたい量だけ出して混ぜ合わせるタイプは、薬剤がムダにならないのでお気に入り。

私の場合はトップの部分に白髪が出やすいので、朝はかならず合わせ鏡でチェックして、目立つようなら簡単な白髪隠しでリタッチします。朝使うのは、ポンポンチークのようなスポンジ一体型のパウダータイプ。気になるところにポンポンつけてぼかすだけなので、とっても簡単ですよ。コンパクトに入ったファンデーションタイプも、外出先などでさっと使えて便利です。

「ダメージヘア用シャンプー」を使う必要がない人

シャンプーの種類は、ボリュームが出るタイプ、しっとり落ち着くタイプ、と仕上がりで選べるようになっているほか、「ダメージヘア用」という特別に傷んだ髪のためのシャンプーもありますね。

髪をいたわるつもりで、特に傷んでいないのに「ダメージヘア用」を選んでいませんか？

ヘアカラーもパーマもしていないなら、あえて「ダメージヘア用」を使う必要はありません。特別しっとりする「ダメージヘア用」を健康な髪に使うと、ボリュームが抑えられすぎて、ペッタンコになってしまう場合があるのです。

もちろん「カラーヘア用」というのも、カラーをしている方以外はあえて使う必要はありませんよ。

From Ikuko

ヘアカラーの色あせを防ぐシャンプーをカラーリングしていない人が使っても、元の髪が黒すぎて色が残らないんですよね。金髪にしてから使ったら、いろんな色になって面白かったのですが（笑）。

激しいカラーリングを繰り返したあとに、アヴェダのダメージヘア用のシャンプーとトリートメントを使ってみたら効き目にビックリ！　やっぱり、髪の状態に合わせてシャンプーを使い分ける、というのがいちばんよさそうですね。

シリコンは悪者？

「シリコンは害。ノンシリコンでなければダメ」という風説がずいぶん広まってしまいましたが、頭ごなしに「シリコン入り製品は使わない！」と決めつけないで。

私個人は、「地肌を洗うシャンプーと、髪につけるヘアケア剤は別」と考えていて、髪には化学の力を最大限に使ったほうが、格段にキレイに仕上がると感じています。

シリコン入りのヘアケア剤をつけただけで、ダメージヘアがなめらかによみがえって扱いやすくなりますし、むしろ髪質によっては、シリコンがないとどうにもまとまらない場合もあるのです。

パサつきが気になっている人は、一度固定観念を捨てて、シリコン入りのトリートメントやスプレーなどを試してみてください。

From Ikuko

ハードなカラーリングを繰り返している私も、髪のパサつきが目立ったら、シリコン入りのヘアケア剤を使うこともあります。かたくなにシリコンを拒否しているせいで、トウモロコシのヒゲみたいな髪になってしまうのはイヤですから……。

髪を洗う頻度とタイミング

髪の洗い方も、髪質によって適した頻度とタイミングがあります。

髪にボリュームのない人は、朝洗うのがおすすめ。その後すぐブローすれば、洗いたてのフワッとボリューミーな仕上がりで出かけられるからです。でも、夜寝るときはやっぱり髪の汚れを落としてからのほうが気持ちいい……という場合は、夜シャンプーして、朝はざっくり濡らしてからブローしましょう。

逆に、髪の量が多くてボリュームが出すぎる人は、夜洗うと落ち着きます。または、毎日洗わなくてもＯＫ。汗をかく夏場以外は、シャンプーで洗うのを2〜

3日に1回程度に抑えると、しっとり落ち着きます。

ヨーロッパやアメリカなど湿度が低い国では、あえてあまり洗わない人も多いようですよ。

From Ikuko

私はボリュームが出やすいのですが、毎日洗う派。でも、たしかに海外に行ったときに、時差ボケで毎晩シャンプーができなかったりすると、かえって髪が落ち着いて、ヘアスタイルがずっと保たれている感じがします。

ドライヤーに投資しましょう

ヘアケアに投資するなら、ぜひ高性能のドライヤーに！　目安としては、1万円以上のものに買い直すことをおすすめします。

ドライヤーは壊れるまで10年以上も使う人が多いのですが、どんどん進化しているので、2〜3年に1回くらいは買い直すと、髪の手ざわりがまったく変わるのです。

風量が多く、一気に乾くタイプのドライヤーは、髪が少ない人におすすめ。乾燥機に入れたタオルのように、フワッと仕上がります。逆に、髪が多い人はボリュームが出やすくなるので、高温で根元をしっかり乾かして、髪のまとまりをよくするタイプがおすすめです。

From Ikuko

ドライヤーはほぼ毎日使うものですから、とてもコストパフォーマンスのいい美容機器といえます。もし1万6千円のドライヤーなら、1年間使って1日50円以下！　それで髪の状態が変わるなら、買い替えない手はありませんね。

ブローでボリュームとツヤを出す

髪が少なくてボリュームが足りない人は、乾かすときに一定方向だけでなく、ドライヤーを持ち替えてあらゆる方向から風を当てると、毛が立ち上がってふんわりボリュームがつきます。

ほか、ストレートヘアの人はどんなにキレイな髪質でも、普通に乾かしただけでは少々ツヤ不足。

そこで、表面の髪だけでもロールブラシなどでテンションを加えながら（髪を引っ張るようにしながら）熱を与えると、キューティクルが整ってキレイなツヤが出てきます。また、ほんの少しだけオイルをつけてからブローすると、髪がコーティングされてさらになめらかに。

このひと手間で、仕上がりが格段に変わりますよ。

From Ikuko

私は不器用なので、ドライヤーでヘアセットするのが苦手なんです。そこで、美容院ではいつも「簡単にハンドブローで格好がつくようなヘアスタイル」と、美容師さんにリクエストしています。ブローが苦手なら、こうして最初に相談しておくとあとが楽ですよ。

合わせ鏡で、後頭部をチェック

朝のヘアセットのとき、ぜひチェックしてほしいのが後頭部。合わせ鏡で、後ろからのシルエットを確認してみてください。

ここは、大人の「隙《すき》」が出やすいところ。なかなか目が行き届かないので、ペッタンコになっていたり、分け目がパックリ割れていたり、あるいは白髪が目立ったりしがちです。ときどき私も、うっかりチェックせずに外出してしまうときがあって、そんな日は「早く家に帰りたい……」と一日じゅう気になってしまいます（笑）。

でも、大人はここさえ直せば印象が一気に若々しく、清潔になるのです。
私の場合は、ボリュームを出すためにトップ部分だけ短くカットしてもらっていますが、ボリュームの少なさが気になる場合は、ぜひパーツ用のウィッグにトライしてみてはいかがですか？　自毛の間に差し込めば、自然になじんでボリュームアップします。

From Ikuko

後頭部のトップにペッタンコの寝癖がついてしまったら、髪をさっと濡らしてから下を向いて、逆さまにドライヤーの風を当てるとフワッと元どおり。ここは、全身のバランスにかかわる部分です。ここをふくらませるようにボリュームを出せば、誰でも格段にスタイルアップしますよ。

シルクの枕カバーで寝ながら美髪

美肌・美髪のためには清潔な枕カバーを使うのが基本ですが、私は最近もう少しこだわって、シルクの枕カバーを使っています。
シルクは髪と同じ動物性の繊維で、摩擦が少ないので髪に優しいのです。髪を大切にしたい人、特に髪が細くてコシがない人は、就寝中に絡まったり切れたりしにくくなるので、ぜひ試してみて。

From Ikuko

枕カバーを使いっぱなしにしていると、汚れてお肌によくないのはもちろん、匂いも気になりますよね。大人が気になる加齢臭は耳の後ろから出るので、枕カバーには匂いが移りやすいのです。夜、髪を洗わない人は、シーツよりも枕カバーをひんぱんに換えるのがおすすめ。自分では気づきにくいからこそ、匂いケアはぜひ念入りにすべきです。

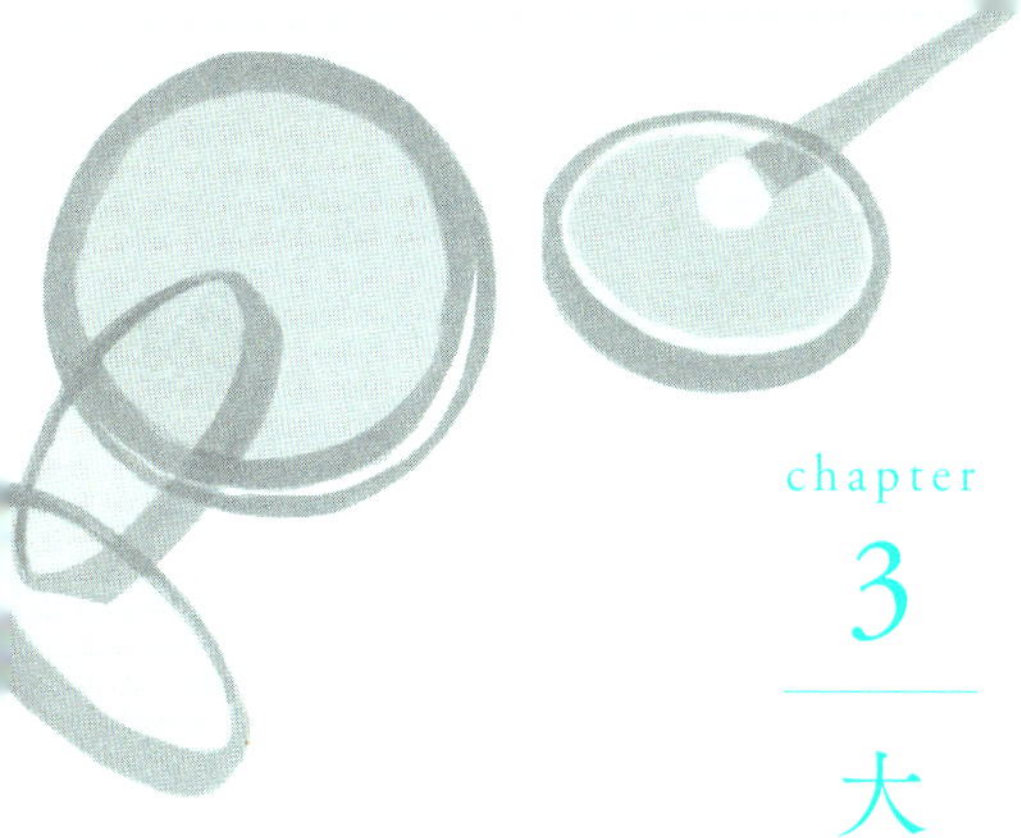

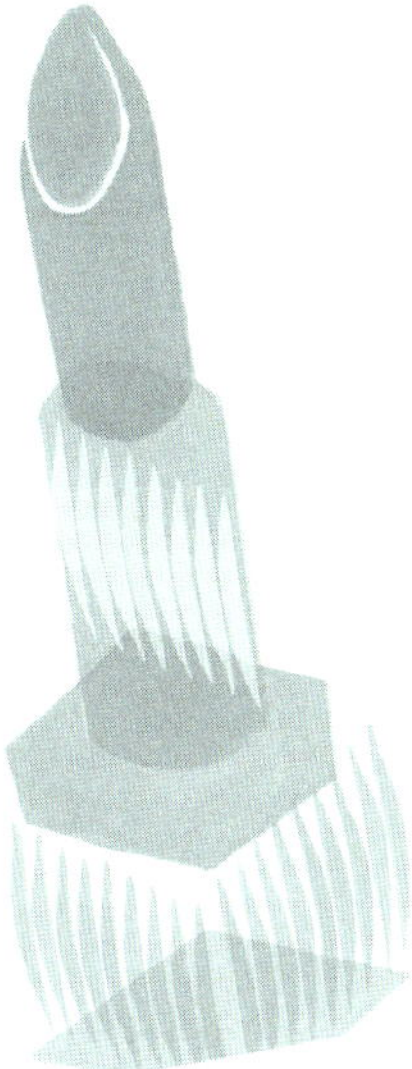

chapter

3

大人がやるべきことはこれ!　メイク編

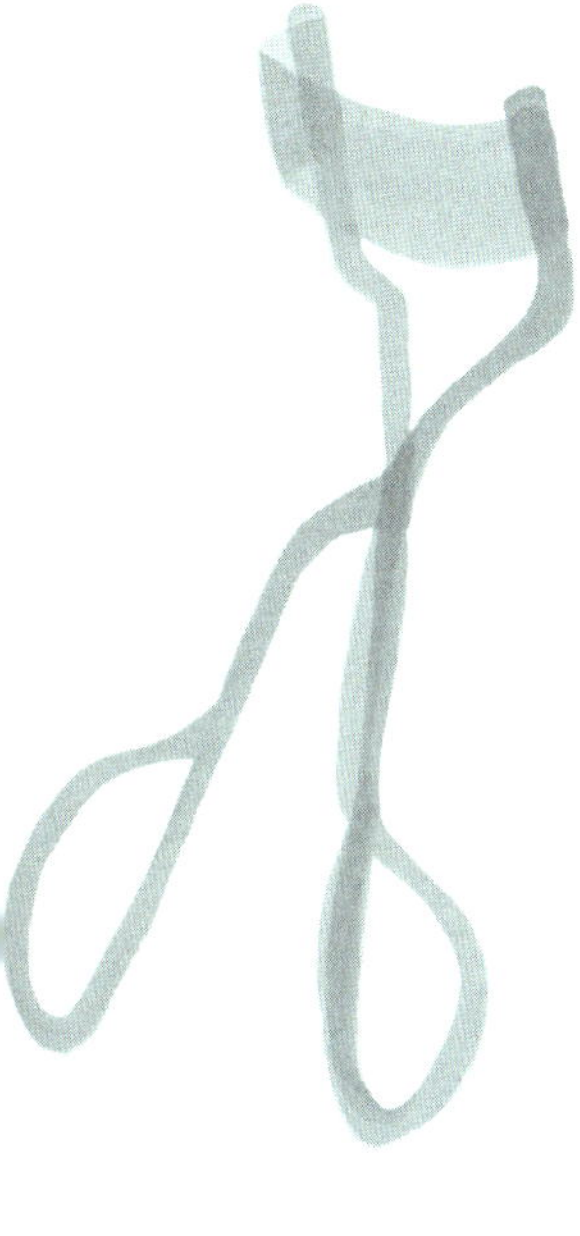

清潔以上の「清潔感」は、メイクで作る

山本 メイクが苦手だったり嫌いだったりする大人もいるけど、キレイ的にはスキンケアもメイクも両方大事なんだよね。**スキンケアが苦手なところをメイクで補って、メイクが苦手なところをスキンケアで補う**の。たとえば、肌がしぼんでる人はスキンケアをしないと、メイクだけではふっくら見えない。逆に、肌色はどんなにスキンケアを頑張っても明るくはならないけど、メイクなら明るくすることができる。

地曳 スキンケアが得意なことと、メイクが得意なことは違うわけね。メイクは、見た目をコントロールするのが得意。

山本 そうなの。で、大人の見た目に何が必要かっていうと、「清潔感」。ちゃんと清潔にしてても、それだけだと大人は「清潔」に見えにくいの。だから、**意識して「感」を見せなきゃいけない**わけ。それは、メイクが得意なところなのね。メイクで清潔感は出しやすい。

地曳　大人って、洗っただけじゃキレイに見えないのよね。だんだん、ツヤ感・ハリ感がなくなってくるから。

山本　まさにそう。清潔感がいちばん表れるのは、ツヤだよね。ほら、磨いたものはツヤツヤしてるし、リンゴなんかもツヤツヤしてると新鮮でみずみずしく見えるでしょ？　だからメイクでツヤ感を与えると、ハリもあるように見えて、若々しい印象になるの。もうひとつ、清潔感が表れるのは「整っていること」。線のガタつき、ファンデーションのムラづきとか、そういう細かい乱れをひと手間かけて整えると、格段に清潔感がアップする。そこでやっぱり必要なのが、**拡大鏡**なのよ。

地曳　大人になると、本当に細かいところが見えなくなるものね〜。

山本　そう、見えないと直せないじゃない？　大人に拡大鏡は必須ね、あるとないとでは大違い。大人の女優さんはみんな拡大鏡を持ってて、自分のことをつねに厳しくチェックしてるからキレイなの。

地曳　私も、洗面所に小さな拡大鏡を吸盤でくっつけてある。若い頃はコンパクトに拡大鏡がついててもあまり意味がわからなかったけど、今は本当にありがたいわ（笑）。

「白・黒・赤」で、感じのいい顔

山本 「整える」っていうのは、そういう細かい部分の修正もそうだし、大きな意味ではメリハリをつけることもそうね。大人の顔には、「白・黒・赤」のメリハリをつけてあげると、顔の中のポイントがはっきりするのね。**「白」は、明るい肌色。「黒」は、眉や目の瞳まわり。「赤」は、リップやチークの血色。**たとえば若い子って、多少おヘチャな子でもみんなかわいいでしょ？　それは、よけいな影がなくて「白・黒・赤」がはっきりしているからなの。

地曳 たしかに、若い子って頬も唇もキレイな色だし、白目と黒目のコントラストもくっきりしてるわよね。

山本 でしょ？　色のメリハリが効いてるんだよね。それが大人になると、どんな元美人でも、色のメリハリがなくなってくるの。

地曳 肌がくすんだり、眉も薄くなるし。

山本 そう、全部がベージュっぽくぼやけちゃう。するとどうなるかというと、どんなに元気でも「疲れてるの？」って言われちゃうのね。それが、大人の顔なの。

地曳　服も、大人になると黒が似合わなくなっちゃうのよ。それは、**黒の強さに顔のコントラストが負けちゃう**からなのね。「おだやかで優しい顔になった」と思うこともできるけど、それはもっとおばあちゃんになってからのお楽しみでいいような気がする。まだはりきっていきたいわよね、私たち。

山本　だから、大人のメイクはまずメリハリを意識して、ぼやけたポイントを整えてあげることが大前提ね。いく子さんだったら今日は、ちゃんとアイラインの黒が効いてるでしょ？　頬と唇に血色があって、赤みも足りてる。だから、白を足してあげるともっとメリハリがつくわね。

地曳　そう？　私、あんまり顔を白くすると、なんだか占い師のオバサンみたいになっちゃうんだけど……。

山本　ちょっとでいいのよ（笑）、ちょっとだけハイライトとかを足せばいいの。たとえば、目頭にシルバーっぽいラメをちょっとのせるとかね。今やっているメイクに、少し「白・黒・赤」を足す感じ。それだけで誰だってキレイになれるから。

地曳　顔にメリハリさえつけば、なにも色のついたアイシャドウとかいらないのね。私たちの年代って、つい色をつけたがるけど。

山本　うん、多色のアイシャドウパレットを使いこなそうとして苦労するより、大人は「黒」を効かせたほうがずっと効果的。ちょっとアイラインを入れただけで、本当に顔がしっかりするの。

地曳　それだけで、顔がグッと上がって見えるわよね。私も「マズイ、今日は目が開いてないわ」と思った日は、ロケバスの中でこっそりアイラインを引いたりしてる（笑）。

メイクの失敗は、やりすぎ　or　やらなすぎ

山本　私から見て、メイクアップじゃなくて「メイクダウン」になっちゃう失敗パターンは2通りあってね。**やりすぎて妙に厚くなっちゃう人と、怖い怖いってやらなすぎてメイクの効果が出せていない人**なの。

地曳　メイクって、自分では濃いと思っても、人から見るとそうでもない法則ってあるわよね？　ファンデーションが厚いのは悪目立ちするけど、大人世代のポイントメイクは少し濃いくらいでもいいと思う。顔にメリハリが足りないから。

山本　そうなの。もし本当にいっぱいつけちゃったと思っても、そこだけ取ればいいんだよね。だから私はいつも、自分のポーチの中に「修正ペン」を入れてる。アイライ

ンやマスカラをポイントで落とせる、ペンシルタイプのクレンジングがあるのね。こういうものを持っておけば、濃くなりすぎたり失敗しても、いくらでも簡単に直せるから安心。

地曳 私は、無印良品のクレンジング綿棒持ってるわ。

山本 綿棒はもう、いろんなことに使えちゃうから本当に便利よね。あとは、使い捨ての小さいスポンジを持っておくといい。チークをつけすぎたときなんか、ポンポンたたいてなじませれば薄くなるし。メイクって、「つける」より「取る」ほうが簡単なんだよね。

地曳 だから、今までアイラインを引いたことがないとか、マスカラをつけたことがない人も、安心してやってみるといいわよね。

山本 そう、いざとなったら取れるんだから。あとは、夜お化粧を落とす前に練習するのもおすすめ。「闇練《やみれん》」って私は呼んでるんだけど（笑）。リップの描き方とか眉の描き方も、メイクした上からやっちゃうわけ。そうすれば、どんなヘンな顔になってもあとは落とすだけだから大丈夫。

地曳 私も、目の周りをガッツリ囲むロックなゴスメイクは「闇練」で修得したわ。ふだんのアイラインも、浩未さんに「大人のアイラインはまつ毛の影」って教わってから、生え際にさりげなく引けるように練習したしね。もし失敗しても、大人はまぶたが下がってるから、指か綿棒でぼかしちゃえばシャドウとなじんでごまかせることも学んじゃった（笑）。

山本 そうそう、アイラインが少しくらいガタガタになっても、大人は目立たなくてお得なのよ（笑）。

メイクは、心もキレイにしてくれる魔法

地曳 メイクがずっと同じっていうのは、やることを変えたがらない大人ゆえの症状だと思う。「変えてみようかな、でもこれでいいや」って、だんだんメイクも服も守りに入っちゃうの。時代も、自分の顔も変わってるのにね。毎日見てると、変化に気づかないけど。

山本 変えることって、そんなに難しく考えなくてもいいんだよね。服は着ちゃったら返品できないけど、メイクはダメだと思ったら落とせるんだから、怖がらずにどんどんやってみればいいと思うの。やってみなくちゃわからないことって、たくさんあ

るから。

地曳　そうよね、私たちはもうあとがないんだから、どんどんやらなきゃもったいない（笑）。もったいないといえば、古い口紅やファンデーションをずっと持っている人も多いけど、オバサンを脱して今っぽくなるためには、できるだけ「今」のものを使ったほうがいいわよね。「**変な服を買うくらいなら、毎年ファンデーションを買い替えたほうがいい**」って、私はよく言ってるの。

山本　そうね、質感も使用感も、化粧品って本当に進化してるから。

地曳　コスメの今のアップデートって、「新色」というより「**新質感**」じゃない？

山本　そう、質感なの。質感が今っぽいと、同じような色でも変わって見えるからね。

地曳　ファンデーションも、アイシャドウも、リップも質感。色を見て「これ持ってる」と思っても、買い直してみると今っぽくアップデートできるわよね。

山本　で、「**今日、なんだかちょっと違う？**」**って言われたら成功**。これって、大人のほめ言葉だと思うの。「ものすごく違うね」だと、ちょっと微妙（笑）。

地曳　それは、服を買ったときに「素敵ね」ではなく「スゴイね」って言われちゃったときと一緒ね（笑）。

山本　そうそう。「ちょっと違うね」だと、何かが効いてグレードアップしてるっていう証拠。どうしてこんなにメイクを頑張らなくちゃいけないのって、女性なら一度は思ったことがあると思うけど、でも「大人の女性の顔」って、素顔じゃないのよね。**メイクをした顔がその人の顔、社会で生きていく顔**なの。その顔が薄汚れていてもいいと思うのは自由だけど、でもやっぱり「人は見かけ」だと思うのよ。

地曳　見た感じがいい人には、周りの人もそう反応するし、暗い顔だと自分の気持ちもそういうモードになっちゃうものね。

山本　でしょ。だから**メイクって、自分にかける魔法**だと思うの。やっぱり、メイクしないとモチベーションが上がらないんだよね。

地曳　そうそう。こんな私でもモチベーションが上がらない朝は、まずメイクをする。眉を描く。一日じゅう部屋着で過ごすような日でも、メイクをするとやる気になる。まあ、本当にダメなときはダメなまま一日終わっちゃうけどね（笑）。キレイになると、マインドまでキレイになるのよ。

山本　だから、**大人の素顔はメイクをした顔**、っていうことでいいんじゃない？　機能的にも、大人の肌は水分を保持するのが大の苦手だから、スキンケアとメイクのダブルでフォローしてあげるといいし、今の時代、メイクは外気から肌を守るのにも有効だし。メイクして肌が荒れちゃうっていう人は、使っている化粧品の成分か、落とし方を見直してみると改善できるんじゃないかな。

眉はプロにまかせていい

はっきり言って、美人かそうでないかは眉で決まると思います。眉がきちんと描けていると、それだけで美人度は3割、いいえ、5割増しくらい。もともと美人のモデルやタレントでも、眉を直すともっとキレイになる人はたくさんいます。けれど私の観察によると、眉をきちんと描けている大人は本当に少ないのです。なかには、福笑いみたいな自由な位置に描いていらっしゃる方も……。意外に知られていませんが、眉は表情筋の上にのっていないと不自然に見えてしまいます。

でも、自分ではよくわからないと思ったら、もう観念して眉はプロにまかせればいい、というのが私の提案。

髪を美容院に頼るのは、カットやカラーが自分では難しい、という認識があるからですよね。それと同じで、**眉も自分ではできないものだと思ったほうがいい**、と断言します。できないことはやらなくてもいいのです。

今は、2千円くらいからキレイにしてくれるお店が探せばいくらでもありますし、少々のお買い物をすればコスメカウンターで教えてくれる場合もあります。まつエクやネイルより、ずっと美人効果は高いですよ。

From Hiromi

眉の描き方は95ページで解説しますが、いく子さんのおっしゃるとおり、どうしても苦手という人はいます。そういう人はやはりサロンでやってもらうのがおすすめ。もし毎月通うのが大変なら、3カ月に1ぺんでもいいんです。3カ月くらいなら、プロに作ってもらったガイドラインが残っているので、なんとか自分でキープできます。自前の眉毛がないという人でも大丈夫。やってもらうと、ぜんぜん違いますよ。プロに整えてもらったら、自撮りして完ぺきな眉の形を保存して。見本があると、その後も安心です。

大人がエッジィになれるファンデーション

顔の質感を作るファンデーションは、「今っぽさ」が特に表れるところだと思います。だから、できるだけ新しいものを使って、つねにアップデートしたいもの。

コスメブランドは山のようにありますが、スタイリストの私がおすすめしたいのは「一見エッジィなのに、実はベテランメイクアップアーティストが作っているブランド」。たとえば、NARSやアディクション、ボビイ・ブラウン、THREE。エッジィな今っぽさがありながら、大人が使いやすいものを作ってくれているのです。

ちなみに、ドメスティックブランドの化粧品は、パッケージのデザインこそエッジィとは言いにくいものの、中味はちゃんと最新の質感。大人世代のことをよく考えてくれているという点ではいちばんすばらしいので、こちらも要注目です。

唯一気をつけたいのは、カウンターの雰囲気がキラキラ、ふわふわしている「夢見るお人形さんブランド」。私たち大人世代も、そのかわいらしさについ惹かれてしまいますが、そういうブランドはオバサンのことなんて1ミリも考えていませんから、ファンデーションのように土台を作るものを買うのは危険。私も、グロスやネイルをほんの1個、こっそりお買い物するくらいでがまんしています。

ちなみに私の場合、コスメフロアで化粧品を選ぶとき、タッチアップしてもらってすぐには購入しません。つけてから1〜2時間ほど経つと、もちのよさや、自分の肌との相性がわかるからです。一度お茶でもしに行って、再び鏡を見ていい感じだったら、購入決定。

From Hiromi

ベテランアーティストのブランドは、私たち世代と目線が同じところにあるから、使いやすくてかっこいいものを作ってくれるんですね。そして、今はドメスティックブランドがとても優秀で、私からもおすすめ。テクニックいらずで誰でもキレイに仕上がるので、迷ったらドメブラのファンデとプライマー（化粧下地）をセットで買えば間違いなし。百貨店のコスメカウンターはなんとなく緊張して行きにくくても、ドメブラなら近所のドラッグストアで気軽にお買い物できるところもいいですね。

ドメスティックブランドの底力

今まで百貨店ブランドばかりに注目してきて、ドメスティックブランドのことは勉強不足だった私。ですが最近は、ドメブラほど日本の大人女性のことを考えてくれている存在はない、と実感しています。

たとえば、仕事柄たまたまいただいたオーブ・クチュールの「ブライトアップアイズ」。不器用になってしまった手元のために、ひと塗りで2色のグラデーションが作れるようになっているアイシャドウで、コンパクトに拡大鏡までついている心遣いに感動。あまりの使いやすさに、久々に底が見えるまで愛用した化粧品でした。

抜群に今っぽさが出せるエッジィなブランドと、機能的で大人に優しいドメブラコスメを、うまくミックスして使うのがいちばんいいのかも、と最近は考えています。

From Hiromi

ドメスティックブランドのスゴいところは、徹底したマーケティングリサーチ

（市場調査）。そうしてお客様のニーズを理解したうえで、「簡単・今どき・もちがいい」という製品作りを追求しているんです。だから、とりあえず使えばそれだけでキレイになれるし、必要な色やアイテムがちゃんとセットになっているから、お買い物にもムダがない。とにかく、新製品を買えば間違いない！とおすすめできます。ただし、この簡単さに安穏としているだけでは、「キレイのエンジン」はかかりにくいもの。エッジィなブランドからもちょっと刺激をもらうというのが、いちばん賢い方法ではないかと思います。

お気に入りは、ノーカラーアイシャドウ

最近、私がよく使っているアイテムは、ノーカラーのアイシャドウ。パッと見はベージュやグレーのアイシャドウか、薄いピンクのチークのようですが、肌につけると光のニュアンスだけが残って、ほとんど色はつかないパウダー状の化粧

品です。

まぶたにひと塗りするだけで、明るくなって濡れたようなツヤがついて、とってもおしゃれ。これひとつで、目元はもう十分だと思えるほど。まぶたのほか、あご先、上唇の山など、ハイライトを入れたい場所にも便利なので、気づくとこればかり減っている感じ。さりげなく顔に立体感がついて、今いちばん「今っぽい」質感が感じられるアイテムなので、いつもポーチに入っているお気に入りです。

ドメスティックブランドのアイシャドウパレットの中にも、最近はかならずこういう色が入っているので、それを試してみるのもおすすめです。「メイクは難しいから苦手」「アイシャドウのつけ方がわからない」というお悩みが、消し飛んでしまいますよ。

From Hiromi

いく子さん、わかってらっしゃる！　今のアイシャドウは、色味よりツヤ感・立体感が大切なんです。まぶたの皮膚は柔らかくて粘膜に近いので、こういうパウダーの光で生っぽさや潤いを演出すると、色っぽいニュアンスが生まれるんですよ。クリームタイプを選べば、まぶたの皮膚が乾いてゴワつくのも防いでくれます。
色のついたアイシャドウを使うなら、「光色」のハイライト系と、「影色」のブラウン系、2個だけあれば十分。光色でくすみを取ってまぶたにツヤを出し、まぶたのキワに影色を入れて目元にメリハリをつけます。

合わない化粧品はあきらめる

肌に合わないファンデーション、似合わない口紅やアイシャドウ。試した時点でなんとなく違和感を感じていたのに、なぜか買ってきてしまうことって、ありますよね。

ダメだったなと思いつつ、まだ使えるものだと思うと後ろ髪を引かれる。そこそこお金を出したものだったりすると、よけいにふんぎりがつかない。そこで、ズルズルと使い続けてしまう……。これは、意外とよくある「罠」です。

私は、「似合わない服はあきらめてください」とよくお話ししているのですが、それは待っていても似合うようにはならないから。

せっかく買ったのに着ないともったいない、と思うかもしれませんが、「なんとなく腑に落ちない」「私、変に見えないかしら?」と、気持ちが上がらないものを身につけ続けて過ごす時間のほうが、ずっともったいないと私は思うのです。

似合わないものを根性で似合わせるとか、テクニックを駆使して似合わせるというのは、私たちプロのやること。いかにも自分のもののように服を着こなしているモデルさんは、私たちスタッフが寄ってたかって「似合わせて」いるのです。ですから、なんとなくピンとこないマニキュアや口紅なども、取っておいてもある日突然似合うようになったりはしません。早めに整理しましょう。

こうした失敗をできるだけ防ぐには、テスターで試したり、タッチアップしてもらうのはもちろん、それを明るいところでチェックすること。そして、ちょっとでも「うーん」と思ったら、潔くやめることです。

From Hiromi

合わないものを取っておくことがなぜいけないかというと、それが「足かせ」になるからなんです。もっと本当に合っていて使いやすいものがあるはずなのに、「これがあるからいいや」……。それって、すごくもったいないですよね。「私には合わないけど、このパッケージや色を見るだけでうれしくなる」というものを無理に捨てる必要はありませんが、使いたいものが見つけにくくなることはたしか。理想はやっぱり「使えるものを使いやすくセッティングしておく」ことだと思います。

プライマーを使わない手はありません

大人のメイクに、絶対に取り入れてほしいのがプライマー(化粧下地)。スキンケア効果があって、肌を守ってくれて、色味の補整もしてくれて、メイクのノリも、もちもよくしてくれる、とても働き者のアイテムなのです。

そもそも、ファンデーションの役割は「覆い隠す」ことですから、元の素肌がキレイであればそれほど量はいりません。つまり、プライマーで素肌が整えば、上に使うファンデーションの量は少なくて済むうえ、透明感も出せるわけです。

基本的には、自分が使っているファンデーションと同じブランドのものを使うのが、いちばん失敗がありません。セットで使うことを想定して作られているものですから、相性よくキレイに仕上がります。

自分がカバーしたいお悩みがある場合は、それに特化したものを選びましょう。カラー補整、保湿力、皮脂崩れ防止など。シミ・ソバカスには、オレンジ系など肌のトーンを少しだけ暗くするものを選んで、元の肌色とのコントラストを埋めてあげましょう。

From Ikuko

プライマーは服を汚しにくいので、日焼け止めがわりに首まで塗ったり、ネックが大きく開いた服のときはデコルテまで塗っています。海外セレブも、ドレスから出ているところには全部塗っているとか？　それなら、あんなに全身美肌なのも納得がいきますよね。

専用の日焼け止めでないと不安という人もいますが、今のプライマーは日焼け止め成分もしっかり入っているので、それで十分です。

ハイライトで「ハリ・ツヤ」をプラス

大人の顔にほしいのは、「ハリ・ツヤ」。ツヤッと光っているところは、ハリがあるように見えて、若々しい印象になります。かといって、ツヤを出しすぎると「テカリ」になってまた老けた印象になってしまうので、顔の中でツヤを出すと効果的な場所だけに限定して、ハイライトを入れましょう。

効果的な場所とは、「出っ張っているところ」。

まぶたの真ん中、唇、頬の丸く盛り上がったところです。

たとえば、口紅にグロスを重ねたり、チークもパール感のあるものを入れると、そこにツヤが出ます。すると、表情が一気にリフレッシュ。しぼんできたドライフルーツなお肌が、パーンとみずみずしく張ったような目の錯覚を与えてくれるのです。

あくまで自然にさりげなく、つけすぎには要注意ですよ。

From Ikuko

ハイライトって、ちゃんと明るいところでメイクしないと加減がわからなくて、気づくと光りモノのお寿司みたいな顔になってしまうんですよね。「メイクするときは明るいところで」というのは、基本中の基本！

春夏／秋冬で、ベースを変えれば完ぺき

日本は、夏と冬では気温の差が30度もあり、日差しや湿度も含め、別の国と言っていいほど環境が変わります。ですから、ベースメイクは、シーズンに合わせて使うものを変えたほうが、仕上がりもキレイになり、快適に過ごせます。

春夏シーズンは、紫外線をガードして皮脂崩れを防いでくれるもの。

秋冬シーズンは、保湿が最優先。

これは、ファンデーションで調整してもよいし、下につけるプライマーで調整してもOK。シーズンごとに、服の下に着るインナーを「さらさら快適タイプ」「ポカポカあったかタイプ」と使い分けるのと、同じようなものですね。

From Ikuko

最近、とにかく進化しているベースメイク用品。花粉に敏感ですぐ顔が赤くなってしまう私は、シーズン中に資生堂dプログラムの「アレルバリア クリーム」を使ってみたら、赤くなりにくく快適にすごせました。気候条件や体調に合わせてベースを使い分けるというのは、これからのメイクの常識かも？

キレイな「白」の作り方

顔の中の「白・黒・赤」の「白」は、明るい肌のこと。「白」といっても、肌を白くするわけではありません。**パッと見て、明るい顔色だなと思えるようにする**ことが目的です。

「でも、ファンデーションがうまく塗れない……」

心配はご無用。ポイントさえしっかり押さえれば、誰でも簡単に明るくキレイな肌＝「白」が作れるのです。

まずは、全体にうっすらファンデーションをのばします。

そうしたら、もう一度ファンデを取って、目の下の「三角ゾーン」に重ねづけ。

トントントン、とたたくように重ねてください。これだけでOK。

この「三角ゾーン」は表情で大きく動くことがないので、動かないということは、つまりよれにくいということ。この、動かない広い面さえキレイに整えておけば、顔全体の印象が「肌のキレイな人」になるのです。

プラス、もっとキレイに見せるワザは「隅っこをなじませる」こと。

隅っことは、眉・目・小鼻・口・髪の生え際・フェイスラインという、肌の境目のことです。ここにファンデーションがたまっていると、厚化粧に見えて清潔感がなくなってしまいます。最後にスポンジで、この隅っこをそれぞれ軽くなでてなじませましょう。

From Ikuko

「ファンデーションを両頬の中心に置いて、それを放射状にのばしていく」と浩未さんに教わって、目からウロコ。三角ゾーンをしっかりカバーできるから肌もキレイに見えるし、そのうえ立体的な小顔にもなれる気がします（笑）。今は、ベースに濃淡があっていいんですね。**全体をムラなく厚塗りするのは、**「**浦島メイク**」です！

劇的キレイを作る「黒」 ①眉

メイクの中でも、少し変えるだけで「なんだか変わった？」「キレイになった！」とほめられやすいのが、眉と瞳まわり、つまり「黒」です。なかでも大事なのは、眉。眉さえきちんと描けていれば、メイクはほとんど大丈夫！ ここでは、眉のポイントをギュッと濃縮してご説明しましょう。

まず、眉の各部にはそれぞれ役目があります。

眉頭は、顔の中心線を決めるもの。**眉山**は、正面顔と横顔のターニングポイント。折り紙でいう、「折り山」です。

眉尻は、横顔の奥行き感を出すもの。

この3つのなかで、まず大切なのは眉山です。眉頭から眉骨《びこつ》を外側へさわっていって、ちょうどへこんでいるあたりで眉山を作ると、まるで紙を折ったように顔が立体的に見えてきます。

これが眉山の正しい位置。

もうひとつ、美人に見せるポイントは眉頭。眉頭の位置が左

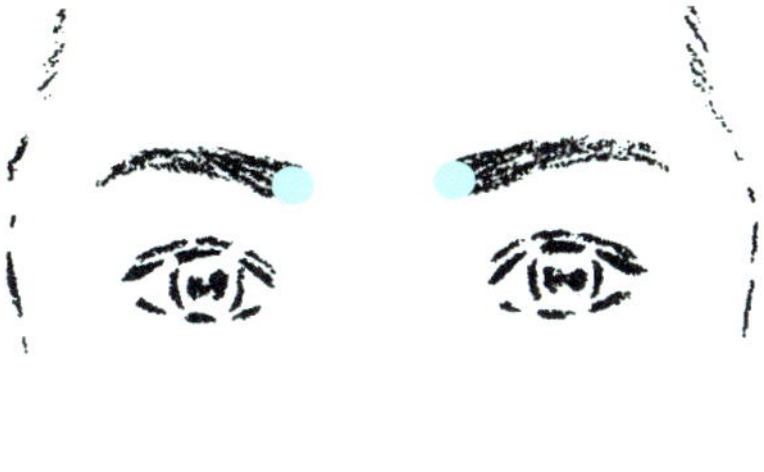

右そろっていれば、顔がまっすぐ見える＝つまり、美人に見せられるというわけ。眉頭の位置だけは、なんとか頑張ってそろえるようにしてください。

ただし、美人のポイントだからといって、そこを一生懸命描き込みすぎてはいけません。眉頭は、鼻すじへ自然に溶け込んでいくべきところ。そこをグリグリ描くと「海苔をはりつけた」みたいな眉になってしまうわけです。

ですから、眉を描く順番は、まず眉山から。そこから眉尻へつなげて、さらに眉山から眉頭の方向へ、毛の流れとは逆に描いていきます。眉頭は最後に。ブラシに残ったパウダーだけでタテ方向にブラシを動かして淡く描けば、ちょうどいい具合に鼻すじへ向かってなじみます。ペンシルの場合も、最初がいちばんタッチが強くてだんだん力が抜けてくるので、眉頭を最後にしたほうがいいのです。

ひととおりやってみたけれど、やっぱりうまくいかない……という人は、79ページのとおり、専門サロンへ行ってプロにお願いしましょう。

From Ikuko

ちょっとした色や質感の違いで、顔全体の印象まで変わるのが眉。豊富なツールをいろいろ試してみると、グッと美人度がアップするかも？　今はペンシル、パウダーのほかクレヨンもありますし、若い人向けのブランドほどカラー展開も豊富で、5〜6色くらいそろっていたりするんです。ほか、自眉の色を変えられるアイブロウマスカラもおすすめ。

劇的キレイを作る「黒」 ②瞳

眉が描けたら、その次はアイメイクです。ラインやマスカラで、黒目をくっきりさせてあげましょう。これで、眉と瞳の「黒」が完成。黒が効くと、本当にしっかりと顔にメリハリがつきますよ。

まず、アイライン。ペンシルかリキッドかはお好みでかまいませんが、これから挑戦するなら、くっきり効果が高くて描きやすいリキッドがおすすめ。うまくいかなかったら、綿棒で上からキュッとなぞれば簡単に取れます。

アイラインの目的は、まばらになったまつ毛の隙間を埋めて「黒」をくっきりさせること。そこで①まつ毛の間を埋める、②まばらな感じが目立つまつ毛の上のラインを整えるという2工程を行ないます。ペンシルの場合は、先に間を埋めてから上のラインを整えて。整え方は、ペンシルか綿棒で生え際のすぐ上をなぞるだけ。リキッドは、先に上のラインを引いてから間を埋めると簡単です。ラインは、生え際のすぐ上にスーッと引くイメージです。苦手なら上まぶたのキワ全部ではなく、黒目の幅だけでもOK。そのくらいなら、簡単でしょう？　それだけでも、くっきり効果は得られます。

マスカラは、まつ毛をちょっと太らせてあげるつもりでつけましょう。上まつ毛は、まつ毛の根元から持ち上げるようにつけるのがポイント。マスカラでまつ毛を持ち上げると、アイライナーが落ちにくくなる効果もあるのです。下まつ毛にもつけてあげると、顔の長さの印象も変わります。

アイラインもマスカラも、「にじみやすい」「下につく」というお悩みをよく聞きますが、相性があるのでいろいろ試してみることです。「これならつかない」というものが、誰にでもかならずあります。

でも、何をどうしてもアイメイクが苦手な人は、いっそメガネをかけてしまえばOK！「黒」はメガネでもなんとかなりますよ。

From Ikuko

私もメガネ、使ってます！ メインはボビイ・ブラウンのメガネで、黒のボストンフレームが顔にアクセントをつけて、引き締めてくれる感じ。ほかに、トム・フォードとカルバン・クラインのメガネも、フレームの太さ別に使い分けています。70代の有名オスカー女優もメガネをよくかけていますし、海外セレブの間でも、メガネはアイメイクのひとつとしてすでに浸透しているんです。基本は黒縁ですが、強すぎる場合はブラウンかネイビーも素敵。

ちなみに、もちろんメガネにも流行がありますから、ふだんからかけている人は2年に1回くらいを買い替えの目安にすると、つねにおしゃれな人でいられますよ。購入するときはかならず何点か試したうえ、自撮りして冷静に検討しましょう。

大人をいきいき見せる「赤」

大人の顔にいきいきとした血色を与えてくれる、チークとリップの「赤」。特に今、メイクはチーク&リップの時代。つけたほうが、だんぜん今っぽく仕上がります。

まず、チークは形を意識しすぎないこと。私たち大人世代はその昔「頬骨に沿って入れましょう」と教わったものですが、これが実は大人をダサく見せている原因のひとつ。形ではなく、肌からうっすらにじみ出るような血色を意識してください。

顔が細い人なら、三角ゾーン（93ページ参照）のやや外側に、幅広く入れると頬がふっくら。顔が丸い人なら、チークの幅を狭くすると顔が小さく見えます。

チークを入れると厚化粧に見えそう、と思われるかもしれませんが、むしろ入れたほうが素顔っぽくなるのです。ファンデーションは、肌を明るくキレイにしてくれますが、本来肌が持っている赤みを消してしまうので、そのままだと「お化粧しました」という顔になってしまいます。そこにチークを入れてあげると、血色が戻って自然に素顔っぽく見えるというわけ。

そしてリップは、大人の唇に必須。くすんでボリュームがしぼみがちな唇に、赤みとツヤを足してあげましょう。最近、自分の唇の温度や水分量、pH（ペーハー）で色が変わり、唇を染めてくれるリップクリームやグロスがありますが、これを下に塗っておくと赤みが長もちするのでおすすめ。その上から、口紅を塗ります。

大人をキレイに見せるポイントは、ズバリ輪郭。リップライナーやリップブラシで、唇の外側のラインを整えることです。ただ、きっちり全部描く必要はなく、上唇の山と、口角だけきちんと整えれば、清潔感が出ます。

From Ikuko

私の最近のヒットは、カバーマークの口紅。大人世代のために作られたもので、若々しい色がそろっているし、乾きにくく色持ちもいい感じ。ちょっとパッケージが雅《みやび》すぎますが（笑）、こっそり愛用中です。

木を見て、森も見る

メイクをするときに大切なことは、「木を見て、森も見る」。

顔の各パーツばかり見るのではなく、顔と髪のバランス、服の質感とのバランスも見てください。パッと見て、メイクだけが濃すぎて浮いていたり、逆に薄すぎて埋もれていたりしないでしょうか？　メイクは、顔だけでは完結しないのです。

アイラインを引くなど、細かい作業のときはもちろん近づいていいのですが、全体のバランスは鏡から腕1本分離れてチェック。手鏡の場合も、腕の長さ分、離して持って確認しましょう。人が見る距離も、近くてだいたいこのくらい。細かなアイラインのガタつきなどは、これくらい離れてしまえば意外と目立ちません。

From Ikuko

これは言うなれば、盆栽とクリスマスツリーの違いですね。盆栽を観賞するときは、近づいてじっくり堪能しますが、クリスマスツリーは少し離れたところから見て楽しむもの。私たちも、クリスマスツリーでいいんです。まじまじと顔を近づけられるような接近戦を基準にせず、「少し離れて見たときに美しい」というメリハリメイクを目指しましょう。

メイク直し、どこをどう直せばいいの？

よく、「メイクが崩れてしまうんですがどうしたらいいですか？」とご質問をいただくのですが、**メイクとはふつう、崩れるものなのです**。女優さんやモデルさんがいつもキレイなのは、横にヘアメイクさんがつきっきりで直し続けているからなんですね。つまり、メイクは崩れたら直すしかないわけです。

そこでメイク直しのコツですが、お手洗いに行ったら鏡を見て、**顔の中に「白・黒・赤」があるかどうか**をチェックしましょう。チークやリップがくすんでいたら、赤みを足す。まつ毛も、まばたきしているうちにファンデーションがついてツヤがなくなるのでマスカラをつけ直す。肌はシミをもう一度カバーするかハイライトを足して、「白」を作り直す。
こうして、メリハリをつけ直すと、とたんにいきいきした表情がよみがえります。

From Ikuko

つけたらつけっぱなし、メイク直しはしないというものぐさな私でしたが、浩未さんに「ちょっといい？」とサッとリタッチしていただいたら、お直しの威力にびっくり！　以来、私も夕方の**「足しメイク」**が習慣に。私は新陳代謝がよいせいか、舞台化粧ばりのガッツリメイクをしても夕方にはそれがどこかへ消えているんです。まるで見えない妖精さんがメイクを消しにきているかのよう（笑）。そこでマスカラはもちろん、眉も描き足し、頬にはもちのよいクリームチークを効かせています。

「松竹梅」の3段階メイクを使い分ける①

Tシャツ姿の日も、おめかしの日も、毎日同じメイクをしていませんか？

でも、TPOや服の質感に合わせて、メイクも強弱をつけたほうがしっくりフィットするのです。私はこれを、「松竹梅」の3段階に分けています。

いちばん上の「**松**」は、人前に出たり、きちんとしたいとき。

いちばん下の「**梅**」は、誰にも会わず、一日家事をして過ごすようなとき。

真ん中の「**竹**」が、基本型です。つまり、いつもやっているのが「竹」で、これよりカジュアルダウンするか、ドレスアップするかということ。

顔の肌は洋服とつながっているところなので、**服の胸元あたりの質感に合わせて、その日の肌を作る**のです。

たとえば綿のTシャツやカットソーなら、「梅」。プライマーにお粉だけとか、BBクリームなど、日焼け止めに色がついた程度で十分です。

いっぽうウールのスーツやお着物なら、「松」。いつもより肌をボリュームアップさせるつもりで、しっかりフィットするファンデーションと、プラス、いちばん目立つ頬のあたりを丁寧にカバーします。

普段の「竹」は、デイリーウェアに合わせて薄づきのファンデーションをきちんとつけた状態。つまり、3段階に応じてミルクレープの層を増やしたり減らしたりするイメージです。

よく、国会議員の女性が「厚化粧」と言われたりしますが、ああいうカッチリしたスーツには、あのメイクで正解。ナチュラルメイクであのスーツを着ていたら、質感が合いませんよね。服の質感とメイクを合わせるとは、まさにああいったことなのです。

From Ikuko

私の「松竹梅」ベースメイクは、「梅」がBBクリームだけ、「竹」がリキッドファンデにコンシーラーあり、「松」がリッチな質感のクリームファンデ。私は「メイクオタク」ですから、こういう使い分けは面倒ではなく、むしろ楽しんでやっています。

「松竹梅」の3段階メイクを使い分ける②

ポイントメイクにも、「松竹梅」を意識してみましょう。

たとえば「松」なら、目元にキラッとした質感を足したり、リップにグロスでツヤを足したりと、ボリュームアップさせてみる。「梅」なら、マスカラなしのアイラインだけ、というように、強弱をつけるのです。いつも決まったやり方ではなく、ちょっと息抜きできるパターンを持っていると、忙しいときにも役立つもの。

いちいち考えるのが面倒なら、リキッドアイライナーの色を変えるだけでもOKです。たとえば、ネイビーの服に合わせて、アイライナーをネイビーに変えてみるなど。見た目にはほとんどわからなくても、「今日はネイビーのアイラインを引いてるわ」と、自分の気持ちが華やぎますよね。そうして気持ちが上向くということが、メイクにはとても大切なのです。

From Ikuko

私は、「松竹梅」の3タイプ別に、3つのポーチを持っています。

アイラインなら、ブラウンのペンシルから黒のリキッドアイライナーまで。マスカラなら「松」だと美容液入り。眉も、テクスチャーと色を3段階で変えています。

基本は服装のレベルに合わせていますが、カジュアルな「梅」の服装のときに、あえてちょっと強めの「竹」にしたりして気分を変えることも。これは、カジュアルウェアにハイヒールを合わせて華を足すようなもの。大人になるとヒール靴で一日すごすのは大変ですから、靴のかわりにメイクで華を足している、というわけです。

持っておきたい3本のブラシ

メイクを美しく仕上げるためには、やっぱり使いやすいブラシがあると便利です。活躍頻度が高いのは、チークブラシ、アイシャドウブラシ、リップブラシの

3本。

アーティストものの高価なブラシなどもありますが、私は広島出身なので熊《くま》野《の》筆《ふで》推し（笑）。チークブラシは毛量のたっぷりあるもの。アイシャドウブラシは1センチ幅くらいの平筆で少し厚みがあるものなら、横に広く、縦に細く使えます。そしてリップブラシは、後ろに筆がついたリップライナーがおすすめ。大人の清潔感に欠かせない「形の修正」と、ソフトなぼかしが1本でできるのです。

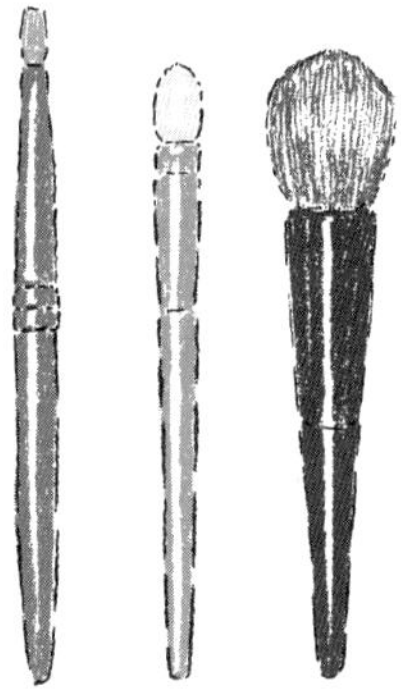

　ブラシのふだんのケアは、使うたびにティッシュの上をくるくるなでて、残った粉や油分を軽く落とせば大丈夫。ブラシは粉や皮脂がついて、毛の周りがコーティングされていくことで使いやすくなっていきます。でも、その使いやすさが頂点までいくと今度は使いにくくなってくるので、色のノリが悪くなったら洗うようにすると、ベストな使い心地を保てます。専用のクリーナーもありますが、私の場合はふつうのシャンプーで軽く洗うだけ。
　ブラシの寿命は、毛が摩耗したり、折れたり抜けたりしてくる3〜5年程度が目安です。

From Ikuko

キャップ付きのリップブラシは、出かける前に口紅をたっぷり含ませておくとそのまますぐ使えます。使ったあとは、ティッシュでしごいてオフ。残った油が酸化して、ブラシが傷むのを防げます。

メイクポーチに入れておくもの

持ち歩き用のメイクポーチには、とりあえず「白・黒・赤」を足せるアイテムが入っていれば、応急処置は可能です。たとえば、フェイスパウダー、マスカラ、クリームチークというように、最低3つ持っていれば大丈夫。

そのほか、私の場合は、毛抜き・ハサミ・目薬・綿棒といったグッズを、小さなメッシュのポーチに入れています。何が入っているか外から見えるので、すぐ取り出せて便利。
メイクブラシは、ポーチに入れるとすぐに中が汚れてしまい、見た目がよくないので、ハンカチやバンダナに包みます。ハンカチを広げて半分に折り、ブラシを1本横にして置いたら、クルッと手前から巻き込む。またブラシを1本置いて、クルッと巻き込む……というように収納。メイク直しのときは、ハンカチを広げればそのまま周りを汚さずにメイクができます。使ったあとはすぐに洗濯できるのもいいところです。

From Ikuko

バッグが小さい私でも、アイブロウペンシル、リキッドアイライナー、プレストパウダー、口紅、コンシーラー（鼻の周りが赤くなりやすいので）、無印良品のクレンジング綿棒はメイクポーチにイン。これだけあれば、十分生きていけます！

chapter

4

大人がやるべきことはこれ！　スキンケア編

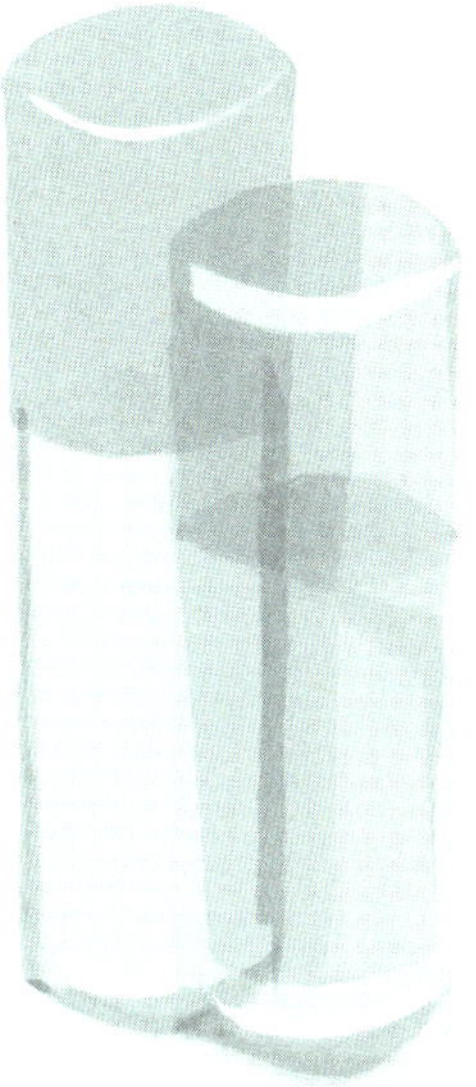

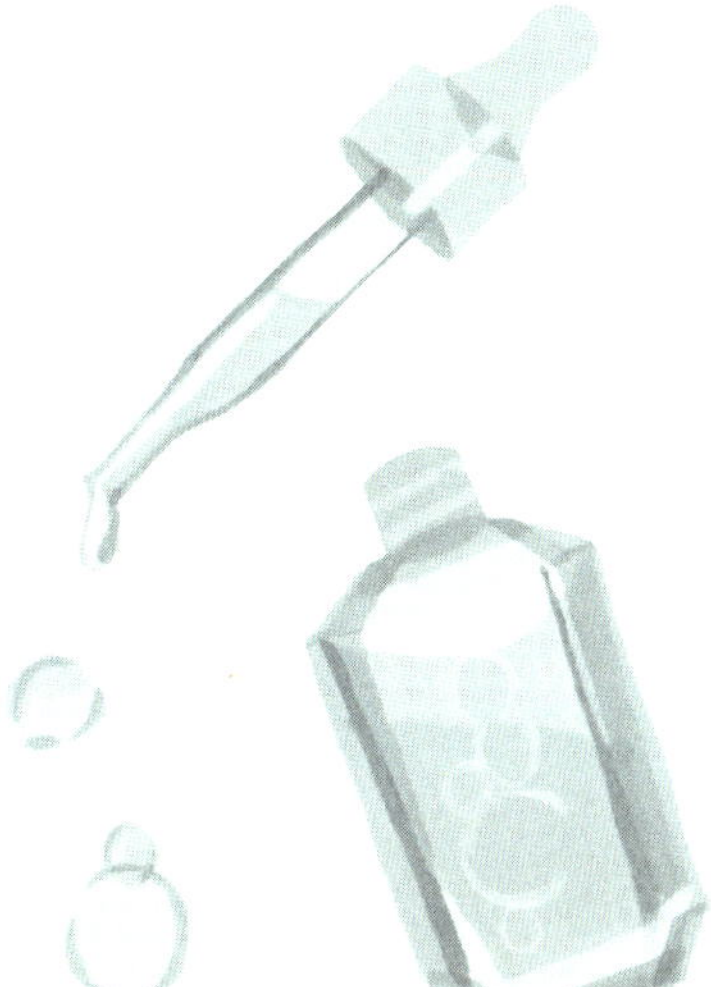

お手入れだけは、やった者勝ち！

地曳　「大人のキレイはミルクレープ式、手間を重ねた分だけキレイになれる」っていうお話をしてるけど、特にお手入れは本当にそうよね。日々、手間を積み重ねている者勝ち。

山本　物って、ただ置いておくだけじゃガラクタになっちゃうけど、まめにほこりを払ったりキレイに磨いたりして、いい状態に保ってあげれば商品価値が上がったりするじゃない？　日々のお手入れっていうのも、そういうことだと思うの。

地曳　**歳を重ねてヴィンテージになれるか、粗大ごみになっちゃうかは、本人しだい**よね。男の人だって、シュッとしてかっこいいオヤジはみんなお手入れしてるもの。そういう人は、加齢臭もしない。

山本　ちゃんとしてる人はそうよね。だからお手入れは、「感じよく見せる」という部分に大きく関わってるんだなと思う。

地曳　「**感じのいい大人**」**の、土台作り**なのよね。そうして、自分も周りも心地よく過ごせる状態に持っていくことが、本当のアンチエイジングなのかもしれないわね。

大人の女を美しく見せるのは、湿度

山本　大人のお肌に必要なのは、圧倒的に**潤い**なんだよね。この前、いく子さんが「とにかく乾きやすいから、水分補給を心がけてる」って言ってたじゃない？　さすがだなと思ったわ。

地曳　お花にお水をあげるように、自分にもお水をあげてるのよ。起きて朝食をとる前と、体を動かす前にも、コップ1杯くらいお白湯《さゆ》を飲む。だって、大人って全部乾くじゃない。肌も乾くし目も乾く、何だったら口の中も乾いて、滑舌まで悪くなるでしょ？

山本　そうなのよ〜。大人になるって、ドライフルーツになっていくことなのよね。でも、それはみーんな同じでしょ。どんな美人だろうと、みんな等しく乾いていく。それを、いかに半生《はんなま》くらいに持っていくかが、個人個人の頑張りどころなんだなと思うのね。どうせなら、ジューシーで高級そうなドライフルーツになりたいじゃない？

地曳　うん、私も高級な枝付きレーズンになりたい（笑）。

山本　だから、大人にはつねにお白湯や保湿で水分を与えてあげることが必要なんだよね。そういうお手入れプラス、「**潤いがあるように見せる**」っていうことも効果的だと思う。メイクとファッションで、ツヤ感をプラスするの。

地曳　なるほど、内側・外側、両方から攻める！

山本　そうそう。大人の女の人には、湿り気が必要。ほんのり湿度が感じられたほうが、絶対キレイに見えるわよ。

地曳　お粉をふわっとはたいた「ドーリーメイク」なんて、若い子たちにまかせておけばいいのよね。私たちがやっちゃったら干し柿よ。

山本　粉は吹いてるね、たしかに（笑）。

大人の肌を、たっぷり潤すには？

地曳　私はとにかく保湿命で頑張ってるんだけど、50～70代の女性たちに会ってお話を伺うと、「ベタつくのが嫌いだから化粧水しか使わない」っていうクリーム嫌いの人

山本 は、けっこう多いのよね。

地曳 うーん。もし、「大人のケアで何かひとつアイテムを推薦してください」って言われたら、私は絶対クリームをおすすめするんだけどな。

山本 私も、旅先に1個しか化粧品を持って行けないとしたら、絶対クリームを持って行く。

地曳 ほら、肌荒れしたとき皮膚科でお医者さんが処方してくれるのもクリームじゃない？　お肌を潤すのに効果的なのは、実は化粧水よりクリームだったりするのよ。

山本 そういえば、海外のホテルにはかならずボディクリームが常備されてるわよね。どんな安いホテルに行っても、ニベアとかニュートロジーナあたりがちゃんと置いてあるの。

地曳 そうね、歯ブラシがなくてもクリームはあるみたいな。乾燥が厳しい国では、保湿はそのくらい常識なのね。

山本 私たちだって、湿っぽい日本の気候に甘えてちゃダメよね。だんだん、生ではお出しできなくなっていくのが大人なんだから。**干しシイタケは、水で戻さないと食卓に上がれない**のよ。

山本　水で戻すっていうひと手間をかけないとね（笑）。

地曳　ただし、奮発して高価な保湿クリームを買っても、ほんのちょっぴりしか使わないんじゃあまり意味はないわよね。

山本　そのとおり。私はよく「肌がキレイですね」ってほめていただくんだけど、それはクリームや化粧水の「量」のおかげ。スキンケアって、**ある程度のレベルの化粧品をちゃんとたっぷり使えば、誰だってキレイになる**のよ。

地曳　ファンデーションだけよね、量が少なくてもいいのって。クリームって、よく「パール粒大」とか箱に書いてあるじゃない？　若い人は小さいパールでいいけど、私たちなんか大粒バロックパールくらいじゃないと効かないんだから（笑）。

山本　本当そう思う、ふつうのパールじゃぜんぜん足りない（笑）。

地曳　ファッションでも、若い頃は小さくて可憐なベビーパールがよく似合うけど、大人がつけるともの足りなかったりするじゃない？　あの箱に書いてある「パール粒」っていうのは、もしかしたら年代別に似合うパールのことなのかしら？　深いわ……。それはともかく、スキンケア用化粧品は多少お値段を下げても大人はたっぷり塗ったほうがいいっていうことはたしかよね。

山本　うん、無理に高い化粧品にこだわる必要はないから。それよりも、「**無理なく続けられる価格帯**」**で、毎日十分な量を使う**ことのほうが大事ね。

お手入れの目標は、「戻す」ではなく「（劣化を）遅らせる」

地曳　そうしてコツコツお手入れを積み重ねれば、〝千疋屋のドライフルーツ〟になれる。でも、もぎたてフルーツとかフレッシュ生野菜にまで戻ろうとは思わなくていいのよね。私にだってもちろん、「30代の頃に戻りたい！」「若返りたい！」という切実な思いはあるけど、「戻そうとする」っていうのは、アップデートの逆じゃない？　過去に向かうっていうことだもの。どうしても、不自然な力の入れ方なのよ。ファッションでも、若く見せよう見せようとすると、かえって老けて見えたりするのはそのせいだと思うの。

山本　視点が、今の時代とも今の自分ともズレてるから、結局は不自然になっちゃうのよね。

地曳　でしょ。だから、私は「戻す」ではなく「**劣化を遅らせる**」を目標にして、お手入れをすればいいんじゃないかと思うの。時を巻き戻すためにレーザーを打つとか、そういう黒魔術に手を出す前に（笑）、毎日のマッサージとか保湿みたいな**「劣化速度をゆるめる」白魔術**を、自分にかけ続けてあげればいいんじゃない？

山本 うん、クリニック美容もお好みしだいでありだけど、それだけではやっぱりキレイになれないものね。毎日続けるお手入れが、いちばん確実にキレイを作ってくれる。毎日繰り返す、っていうのがすごく大事。

地曳 すると、１カ月、１年、もしかしたら10年経っても、今のキレイをちょっとキープできているかもしれない。そう思って頑張ってるわ、私。

山本 年上のキレイな方が「私、何もしていないのよ」ってよくおっしゃるけど、そういう方は本当に何もしていないのにキレイっていうことじゃないのよね。自分でできる日々のお手入れを続けていて、それ以外の特別なことは何もしていないのよっていう意味だから、誤解しちゃダメね。

地曳 何もしないっていうのは、厳しいようだけど「同じ場所にさえいられない」っていうことよ。時間は進んでいくんだから、同じ地点で立ち往生どころか、ズルズル後退していっちゃうわよ。

山本 「私は特別キレイにならなくてもいい」と思う人でも、ふつうにキレイでいようと思ったら、日々のお手入れで自分をアップデートさせていかないとね。

基本を守れば、かならず結果がついてくる

地曳 でも、「お手入れをする」といってもそれほど頑張る必要はないのよね？

山本 そうそう、基本的なことを毎日きちんと守り続けるだけでいいの。でも、忙しかったりいろいろなことで、それがだんだんおろそかになっていくとまずいわけ。

地曳 いつの間にか、「やらない」のがデフォルト（標準）になっちゃったりね。

山本 だから、今日からちゃんとしようかなと思ったら、基本を見直すといいかもね。「**ちゃんと落とす、しっかり補う、ガッチリ守る**」。最低限、この3つさえ守れば、肌はかならずなんとかなる。なかでも大人は、「乾かさない」ことを特に意識するといいよね。

地曳 顔を洗ったら洗いっぱなしにしない、髪も乾かしっぱなしにしない。「**ぱなし禁止令**」ね。

山本 おっしゃるとおり。そのあとにすぐ、クリームなりオイルなりでフォローを入れてあげるところまでを習慣にするの。

地曳　ご存じの方には当たり前のことばかりだけど、今までやっていなかった人ほど変わるわよね。

山本　本当にそう。大人はメンテナンスしだいですごく変われるから、やるとどんどん楽しくなるの。モチベーションが上がる。

地曳　それに、お手入れって自分を癒やしてくれるのよ。この前、浩未さんの「スチームON《おん》顔《がん》タオル」をいただいたじゃない？　私、あのタオルのおかげで、毎朝頑張って起きられてるの。正直、私くらいの年代になると気持ちよくすっきり起きられることなんてなかなかないんだけど、それでも熱いタオルを顔に当てると、すごく気持ちよくて癒やされる。毎朝目覚めるたびに「私にはあのタオルがあるわ」って、すごく前向きになれるのよ。もちろんお肌もいい感じで、会う人ごとに「ねえ、何かやっちゃったの？」って、暗に「黒魔術使ったでしょ」って聞かれるくらい（笑）。

山本　うれしい。お手入れって、手で自分をさわるでしょ。それは、自分を愛してかわいがってあげることだと思うの。だから癒やされるし、心地いいんでしょうね。

地曳　うん、鉢植えやお庭もお手入れしてあげるといきいきするものね。そういう、愛が行き届いた感じのものって、見てる側も心地がいいわね。

クリームを使わないとこうなります

「大人はクリーム、絶対全身にクリームを使って！」と、今でこそみなさんに推奨している私ですが、実は50歳までボディクリームを使ったことがありませんでした。ところがある朝、自分の膝下を見たら粉を吹いてミイラのように乾燥しきっていて「これはまずい！」と思ったのが、使い始めたきっかけ。

今ではハンドクリームも欠かしませんが、これをサボっているとどうなるかというと、なんとｉＰｈｏｎｅの指紋認証も読み取ってもらえないのです！　乾いていると、スマホからもスルーされるなんて……。

クリームが苦手・嫌いとおっしゃる方にも、少しは参考にしていただけると報われるエピソードです。

From Hiromi

スキンケアアイテムのうち、どれかひとつにお金をかけるなら、私はフェイスクリームをおすすめします。お手入れの最後につけるものなので、香りがよくて「いい夢を見て眠れそう」と思えるようなものを使うと、とっても幸せになれますよ。1万円以上のものなら、どれも品質にあまり違いはないと思います。

Ikuko's EYE

新米・古米、美味しい食べ方

お米を炊くときは、30分以上じっくり浸水してから炊くと、とても美味しく炊き上がりますよね。

このとき、新米とそうでないお米の場合では、水の量はそれぞれ加減するもの。

新米はベタつかないように、やや控えめ。そうでないお米には、やや多め。

これが、若い人と大人世代のお手入れの違いだと私は思っているのです。

新米である若い人たちの肌は、もともとたっぷり水分をたくわえています。

いっぽう、私たち大人の肌は水分が抜けてきているお米のようなもの。でも、多めにお水を入れてあげれば、ふっくら美味しく炊き上がるのです。じっさい、スキンケアでたっぷり潤いを与えてあげると、肌のキメがふくらむような感じがしますし、リップクリームをつけているときのほうが唇のボリュームもふっくらしています。

「化粧水もクリームも多めに使ったほうがいい」という理由を、イメージしやすくなったでしょうか？　私はなんでも、箱に書いてある量の1・5倍は使うことにしています！　高いクリームや化粧水をチビチビ使うより、予算に合った基礎化粧品をこうしてガンガン使うのが好きなのです。

From Hiromi

お米にたくさんのブランドがあるように、お肌にも年齢や体質によってクセや特徴があるもの。だから、ベストの水加減は人それぞれなのです。多すぎず、少なすぎずの状態でこそ、美味しい炊き上がり＝その人のいちばんいい状態が引き出されます。ときどき、「私は今の水加減で大丈夫かな？」とチェックしてあげるといいですね。

オイルは万能の保湿アイテム

クリームだけではもの足りないとき、私はオイルを使っています。肌だけでなく、髪にもボディにも使える万能の保湿アイテムなので、1本あるととにかく便利。私の周りの美容のプロも、何かとオイルを使っています。

オイルというと「油焼けする」「ベタベタ、テカテカする」というイメージでなんとなく敬遠するかもしれませんが、今のオイルはとてもさらさらしていて、浸透力も段違い。すぐに染み込むのにしっかり潤う感じで、とても満足できます。乾燥には効果抜群だし、肌が敏感になっているときもマイルドな使い心地。私にとってオイルは、「美容の最終手段」なのです。どんなお米でもカレーをかけちゃえば美味しくいただける感じでしょうか（笑）。

種類は、昔ながらのオリーブオイルから最先端のものまでいろいろあって、価格帯にも幅があるので、自分に合うものを選びやすいのもいいところです。

From Hiromi

オイルは潤いだけでなく、ツヤを与えてくれるところがいいんですよね。なんといっても大人に足りないのは、ツヤですから。それに、よけいなものが混ざっていないから低刺激で安心。何かあったときはいつでも助けてくれる「懐刀《ふところがたな》」のようなアイテムとして、私は旅行にもかならずひとつ持って行きます。

安いパックでも成果は出る

お手入れは毎日の積み重ねが基本ですが、ここぞというときには集中ケアがものを言います。

最近、自分の写真を見てアイバッグ（下まぶたの目袋・くま）にショックを受けた私は、ドラッグストアで30枚入りのアイパックを買ってきて、毎日毎日15分貼り続けたところ、ちょっぴり改善できました。お値段に関係なく、続けたことで効果が出たわけです。

同窓会の前など、ここぞという勝負の日の前には、続けて1週間以上集中ケアをしてみて。さらに、浩未さんが考案した「スチームON顔タオル」もプラスすれば鬼に金棒！　こちらもタオル1枚でできるシンプルケアですが、続けるうちにお肌のキメが整って、明るく柔らかくなった気がします。

From Hiromi

私も、1週間分がセットになった美容液を毎日きちんと使ってみたら、すごく調子が上がりました。集中ケアって、肌に活が入るんですね。もし「この日は特別キレイに見られたい！」という日があったら、何日か前からマッサージを始めるなど、お手入れも計画的に行なうといいですね。

「黒魔術」とのつき合い方

日々の真面目なお手入れ＝「白魔術」こそ、キレイに欠かせないもの。ちょっとクリニックに相談……という「黒魔術」は、特別なレスキューです。費用がかかることでもあるので、つき合い方は慎重に検討すべき。でも、「悪いこと」とか「ズルいこと」と頭ごなしに決めつけてしまうのも、正しくないように私は思います。

たとえば、まぶたが下がって目を開けにくくなってしまう「眼瞼下垂《がんけんかすい》」。まぶたが下がると、目元がすっきりしないという見た目のお悩みだけでなく、視界が狭くなって見えにくい、見えにくいので車の運転などができない、肩こりや頭痛を引き起こす……といった、いろいろな問題につながります。そのため、眼瞼下垂は病気のひとつとして、改善手術に保険が適用される場合があるのです。

こうした、健康にかかわるような深刻なお悩みの場合は、一度クリニックで相談だけでもしてみることをおすすめします。そうでなくとも、ずっと暗い気分で過ごすくらいなら、私はヒアルロン酸くらい打っちゃいます！　そのうえで、日々のコツコツお手入れも続けていけば、最強ですよね。

From Hiromi

まぶたの下がり、私たち大人世代にとっては共通のお悩みですよね。私の場合は、「アイプチ」を活用しています。まぶたに糊やテープをつけて折りたたむ、昔からのおなじみのアイコスメ。これをすると、視界が広々すっきり！　撮影のとき、人前に出るとき、目が疲れたなと感じるときには欠かせません。

私は、二重まぶたになりたかった小学6年生のときから使い続けてきた筋金入りのアイプチユーザーですから、使い方はお手のものですが、これから始める人にもけっして難しくはありません。使いやすく進化していますし、むしろ、まぶたの皮膚に余裕がある大人は、若い頃より簡単に作業できますよ。

私のハンドクリーム習慣

手だけはキレイ、と若い頃からよく言われてきた私は、この「ほめられどころ」を大切にすべく、ハンドクリームだけは欠かしません。手を洗うたびに、すぐにひと塗り。私の母もよくハンドクリームを塗っていて、すべすべの手が自慢でした。

ポイントは、指を曲げて塗ること。ボディクリームを塗るときも、膝や肘など関節を曲げて塗らないと、シワの中までクリームがきちんと行き渡りません。手は意外と目立つところですし、たとえ安いクリームでも、こまめに塗っているのといないのとでは、だいぶ差がつきます。

From Hiromi

私は、ネイルオイルもよく使っています。大人になると爪が割れやすくなるので、ケアが欠かせないのです。使い方は、甘皮から爪にかけてマッサージするようにのばすだけ。最近はドラッグストアで購入できるような手軽なものも出てきているので、ぜひ取り入れてみて。割れてしまったところは、ネイルサロンで相談するとジェルで応急処置してもらえます。ただし、ジェルネイルをしている人に多い「つけっぱなし」は、爪の健康にも見た目にもよくないので、NGです。

「落とす・補う・守る」、3つの基本を守ればOK

お手入れの基本は、「落とす・補う・守る」。最低限この3つを毎日繰り返しているだけで、お肌は保てます。改めて、簡単にご説明しましょう。

「**落とす**」は、クレンジング。メイクや角質など、役目の終わったもの・必要のなくなったものを落とすことが目的です。「キュッキュッとしないと落とした気がしない」という人も多いのですが、それは落としすぎ。なんといっても大人はドライフルーツですから、洗いすぎて乾かないように要注意。

「**補う**」は、落としたあとのお肌に潤いを与えること。水気が残っている肌に、オイルを1滴なじませてから化粧水を入れるとよりしっとりします。

「**守る**」は、夜なら化粧水のあとにクリームで蓋をする、昼ならUVカットクリームで紫外線をガードすることです。

From Ikuko

洗ったら洗いっぱなしにせず、すぐ「補う」のが乾かさないコツですね。私も、数十秒以内には化粧水をイン。コットンがびしょびしょになるほどたっぷりとって、何度もしっかりたたき込むことにしています。そのためには、必要なケアアイテムがすぐ手に取れる場所に置いてあることが肝心です。

大人になったら、美容液

大人になると、若い頃よりスキンケアの効果を実感しやすいものですが、特に効果を感じるのが「美容液」。

私自身、40代までは美容液を使っておらず、必要ないと思っていました。ですが、50歳を過ぎてさすがに衰えを感じてきたところに投入してみたら、これがすごい効果！　遅ればせながら、効果を実感できる年代に入ったわけです。

美容液選びは、なんとなくではなく目的で選びましょう。「乾燥」「美白」「ハリ」……どれを使っていいかわからない人は、とりあえず「アンチエイジング」でOK（笑）。それを使ってみて、2週間ほど様子を見てみましょう。

かならずしも高価なものである必要はありませんが、ロングセラーの「名品」と呼ばれる美容液は、長く売れているだけの理由があるので試す価値ありです。
もちろん、美容液を使う量もケチケチではいけませんよ。

From Ikuko

欲張りな私は、アンチエイジング美容液を首やデコルテまでたっぷり塗ってしまいます。というのは、昔あるヘアメイクさんに「いく子ちゃん、デコルテまでが顔なのよ」と言われたことがあるから。たしかに大人は、顔はしっかりケアしていても、首の皮膚が年齢を感じさせてしまうことがよくあるもの。首は意外と目がいきますから、デコルテまでをケアすると、顔だけをケアするよりも効果が倍増するのです。日焼け止めも、首やデコルテまで忘れずに塗りましょう。

ボディの「洗いすぎ」を控える

クレンジングや洗顔もそうですが、お風呂で体を洗うときも「キュッキュッ」にこだわらないで。必要な潤いまで落としてしまうと、大人のドライフルーツ肌が加速してしまうからです。

石けんをつけて洗うところは、足・脇・陰部など、匂いが気になるところだけで大丈夫。スポンジタオルでゴシゴシこすらず、泡を作って手で優しく洗ってください。

今まで「キュッキュッ」派だと、「全身洗わないのはなんだか気持ち悪い」と思われるかもしれませんが、大丈夫。慣れです！ 私はこれで、かゆみや乾燥が落ち着くようになりました。

まずは1週間試して、お肌の状態を観察してみてくださいね。

From Ikuko

浩未さんと「そうよね！」と盛り上がったのは、温泉に行ったときの体の洗い方。特にアルカリ性の泉質は肌の角質を溶かすので、ゴシゴシ洗うのは厳禁。ボディソープを使うのは、匂いが気になるところだけにして。

定期的なスクラブで角質ケア

大人の肌は、ときどき角質を落とさないと化粧水やクリームなどがうまく浸透しません。そこで、顔にも体にも、定期的なスクラブを習慣にしてあげましょう。

２週間に１回、１カ月に１回、気づいたときだけでもＯＫ。すると、なめらかさが段違いに増します。

肘、膝、かかとなど角質がたまりやすい場所のほか、効果がよくわかるのは「手」。毎日使う道具だけに、くすみやゴワつきが出やすいのですが、その分、手にスクラブをしてあげると見違えるように白くなる！

人目につきやすいパーツでもあるので、手の清潔感にこだわると好感度もグッと上がりますよ。

From Ikuko

ふだんゴシゴシ洗わないのは、角質のバリアでお肌を守るため。でも、角質が厚くなりすぎるとまた、くすみやカサつきの原因になってしまいますし、化粧水などのスキンケアも浸透しづらくなります。そこで、私も気になるところはスクラブを使うほか、年に1〜2回ほど、全身垢すりに行っています。垢すりは肌への刺激が強すぎるともいわれていますが、自分で落としきれない角質がスッキリして血行もよくなる気がするので、私はお気に入りなのです。

肌が荒れてしまったら

よく「肌荒れがひどいんですが、そういうときは何を使ったらいいですか？」とご質問をいただくのですが、そうなってしまったらかならず皮膚科に行きましょう。

赤くなってかゆい、ただれている、ヒリヒリ痛いといった状態になったら、自己判断は危険です。たとえて言えば、ほんの初期の風邪なら生姜湯などを飲んで治すけれど、本格的な体調不良になったら受診するようなもの。化粧品は、そもそも薬ではないので、過信は禁物です。そういうときは、メイクも様子を見て、しばらく控えるようにしましょう。

From Ikuko

私の場合、深刻なトラブルになる前の予防策として、季節の変わり目には化粧水などを低刺激のマイルドなものに変えたり、メイクも落とす負担がかからないように控えめにしたりして、なるべくお肌に優しくするよう努めています。

花粉の季節は刺激で顔が真っ赤になってしまうこともあるので、帰宅したらすぐにシャワーへ直行。髪や肌についた花粉をキレイに洗い流すことにしています。

それでもどうしようもない状態になってしまったときは、やっぱり皮膚科が頼りです。

「隅っこケア」でキレイの底上げ

髪・メイク・服、すべて完ぺきに見えても、靴を脱いだときにかかとが割れていたり、ペディキュアがはがれていたら……。清潔感は、一気に損なわれてしまいます。こういう「隅っこ」こそ、いつ見られてもいいように磨いておくのが大人のたしなみです。

といっても、2~3週間に1回程度のケアで十分。お風呂場にスムーザー（やすり）とネイルブラシを用意して、気づいたときに磨いてあげましょう。

私は大きめのネイルブラシで足の裏もブラッシングするのですが、キレイになるうえ全身ポカポカ。血行促進は美肌を作りますから、冷え性でくすみが気になる方は、ぜひ試してみてください。

From Ikuko

これって、お部屋の掃除と一緒ですよね。どんなに素敵なインテリアのお部屋でも、隅にほこりがたまっていたら台なし。私も気をつけます！

chapter

5

「ちょっと先」のキレイを育てよう

まだまだ、「女」を引退できない私たち

地曳　ねえ、『サザエさん』のフネさんって何歳だと思う……？

山本　う〜ん。ああ見えてたぶん、私たちより年下だよね。

地曳　そうよね、まだ小学生の子供たちがいるんだものね。つまり、昔は50代にもなったら、もうああいうおばあちゃん風な感じになってよかったのよ。さらに昔にさかのぼったら、「人生五十年」の時代でしょ。だけど今は寿命が延びた分、**「女」でいなくちゃいけない期間も延びた**っていうことよね。

山本　私たち、まだまだおばあちゃんにはなれないわけね。

地曳　それなのに、劣化加速要素は昔より増えてるわけでしょ？　昔は平気で太陽の下にいられたけど、今はオゾン層破壊があるし、毎年飛んでくる花粉の量もすごいし。そんな状況だから、今この時代にできるだけ長い期間キレイでいるには、やっぱり何もしないわけにはいかないのよね。

山本 そうねえ。クリニック美容も進化はしているけど、時間とともに入れたものが吸収されたり、また下がってきちゃったりするから、「これさえやれば一生安心」っていうものはないし。

地曳 最新美容という名の黒魔術は、定期メンテナンスが必須だものね。やっぱり、日々のお手入れをミルクレープ式に重ね続けなくちゃいけない。これからもずっと、「**重力と乾燥との闘い**」が続くのよ。

山本 大変よね〜、本当に（笑）。身構えちゃうけど、まずはやっぱり基本をちゃんと守ることが効果的で、それに慣れたらもうひと手間、ふた手間増やしてみるっていう感じがいいんじゃないかな。

地曳 そうね。完ぺきを目指すあまり一気にプロセスを増やさないで、できることを1つか2つ正しく積み重ねる。そうして、1カ月後、1年後、10年後の自分を育てていかなくちゃ。

大人の肌は「取扱い注意」

山本 じゃあ、私から改めて基本の心構えをお話しすると、まず「とにかく優しく」っていうことね。お肌ってタイヤと同じで、使えば使うほど摩耗して、キメがすり減っていくものなの。だから、お手入れのときは「**私の顔は岡山の白桃《はくとう》**」と思うといいわよ。

地曳 ひと山いくらの桃じゃなくて、高級で柔らかーい、デリケートな桃ね。

山本 そうそう、ちょっと力を入れるだけで傷んじゃうから、優しくさわるでしょ。いつもそんなふうに扱うのは無理でも、せめてお手入れのときだけは、自分でちょっと意識してあげるの。ほら、いく子さんが化粧水もクリームもたっぷり使うようにしてるっていうのも、お肌に負担をかけないためにはすごくいいの。クレンジングなんかも、量をたっぷり使ったほうがいい。

地曳 すべりがよくなって、よけいな力をかけずに落とせるものね。使うとすり減るっていうのは、靴のソールとも一緒ね。靴も、歩き方のクセを直さないとかかとが妙な減り方をして傷みやすいし……怖い！　毎日のことだから、こういう気遣いがいずれ大きな差になるわね。

山本 あとは、前の章でもお話しした3つの基本（132ページ）と、とにかく「乾かさない」っていう心がけね。私たち、ドライフルーツだから（笑）。

地曳　浩未さんは今日、ここに来るなりハンドクリームを出して塗ってたものね。私もハンドクリームだけは忘れないようにしてるから、おかげで手はほめられるけど、ほかにも乾かさないためのケアって何かしてる？

山本　私は、年がら年中オイルを使ってる。顔だけじゃなくて、お尻にもかならずオイルを塗るの。太ももとの境目のところってけっこう年齢が出るんだけど、テレビで女優さんが「お尻にオイルを塗ってるの」って言ってるのを聞いて、私も女であることを忘れないために続けてる。

地曳　私の周りの美容のプロも、みんなオイルを使ってるわ。全身どこにでも使えて、頼もしい最終手段っていう感じ。私も金髪にしてたときは、ブローの前に髪につけてた。

山本　そうそう、日中も乾燥が気になったらほんの少し指にとって、メイクの上からでもつけられるし。昔と違って、今のオイルは精製法が進化したからベタつかなくて使いやすいし、オイルっていちばん安全な化粧品なの。原料に近くてよけいなものが入っていないから、肌にすごく優しい。とにかく乾きやすい大人は、1本持っておくと安心だよね。

つねに自分を観察して、必要なケアをする

地曳　こういう一連のお手入れって、今まであまり意識してこなかった人には特別なケアのように感じられるかもしれないけど、大人はもはや習慣づけるべきなのよね。**美容は習慣**。

山本　習慣、習慣。でも、いくら習慣だとは言っても、自分の様子を何もチェックせず、思考停止状態でずーっと同じルーティンを続けるっていうのはダメね。キレイになろうと思ったら、「様子を見る」っていうことが大事。つねに自分の状態をよく見て、「最近お肌がカサついてるな」と思ったらクレンジングをこってりしたクリームタイプのものに変えてみるとか。気になるところがあったら「まあいいや」じゃなく、ケアを見直してあげるの。

地曳　**観察第一**よね、でないとケアの意味がない。お肌が求めているものを与えてあげないと。

山本　そうそう、ストッキングを履くときに「あっ、かかとがカサついてる?」と思ったら、その場ですぐクリームを塗るとか。

地曳　そこで「まあいいや」ってほうっておくようなマイナスの積み重ねをしちゃうと、大人はあとに響くわよね。若い頃なら自然回復するようなことでも。

山本　そうそう。でも、私たちもなかなか忙しいじゃない？　ときにはきちんとお手入れできない日があっても、そんなに落ち込まなくていいと思うの。私は、**お肌とのつき合い方って人とのつき合い方と同じ**だと思ってるのね。冷たくすればすねるし、手をかけすぎると過保護になっちゃう。でも、ふだんの信頼関係があれば、ときには「ごめんね」って甘えてもいいのよ。

地曳　お手入れがストレスになったら、本末転倒だものね。

山本　「どんなに疲れて帰ってきても、かならずメイクだけは落とす」っていうのがモットーの女優さんもいるんだけどね、場合によっては1秒も早く寝たほうがいいかもしれないじゃない（笑）。そういうときは、クレンジングローションでさっと拭き取ったらフェイスクリームだけつけてすぐ寝て、起きたら「夕べはごめんね」って、夜と同じケアをしてあげるのでもいい。そうして、上手につき合い続けていけばいいと思うのよ。

定期的なアップデートで、つねに今っぽく

地曳 私から改めてお伝えしたいことは、こまめなアップデートね。大昔の高級ダウンコートより、今年のユニクロダウンのほうが「今」に合っていておしゃれに見えるのと同じで、今には今に合ったファンデーションや口紅があるのよね。

山本 そうそう。「白・黒・赤」（72ページ）を作るベーシックアイテムこそ、アップデートしていかないと。でも、アップデートのタイミングとか、今何がキているかみたいなことって、自分で「つねにアップデートしよう」って意識していないと、なかなか気づけないよね。

地曳 うん、そういう視点を持って周りを見るのが大事よね。雑誌をチェックするのでもいいし、周りのナウいおばさま、年上の素敵な方を観察するのでもいいし。あとは、最近キレイになった人に「あら、なんだかキレイになったけど、どうしたの？」って聞いてみる。すると、「実はサロンで眉を描いてもらったのよ」とか「ファンデーションを変えたのよ」って、教えてもらえるでしょ。私はコスメフロアに行ったときも、素敵なメイクの美容部員さんがいたら「お姉さん、それ何使っ

てるの？」って聞いちゃう。

山本 さすが、アップデートされてるわね。

地曳 もし、「これはもう古くなった」っていう変化自体がよくわからなくて、ちょこちょこアップデートするのが難しく感じる人は、とりあえず「2～3年に1回、化粧品も服も全部取り替える」って衣替え的に決めちゃうのも手かもね。

山本 いいと思う。スキンケアも、ずっと同じものを使ってると人間って飽きてくるじゃない？　化粧水やクリームもときどき変えてみると、人づき合いと一緒でいい刺激をもらえる。活性化される。化粧品ってあくまで薬じゃなくて、嗜好品みたいな面もあるから。そのつど、楽しんで使えるものを取り入れていくのもいいよね。

「小ぎれいなおばさま」を目指して……

地曳 私たちはまだ、おばあちゃんになる前の「**プレおばあちゃん期間**」にいるわけよね。キレイなおばあちゃんになる前に、今は「小ぎれいなおばさま」になれればいいなと思ってるの。ご近所の、小ぎれいなおばさま。

山本 すごい美人というわけではないけど、いつもきちんとして感じがよくて、品のいいおばさまね。

地曳　そう、服もメイクもゴテゴテしていなくて、でも全体的に行き届いている感じ。奇跡の美魔女とか、ものすごい上流階級の奥様にはなれなくても、そういう小ぎれいなおばさまなら私たちにもなれると思わない？

山本　「小ぎれいさ」っていうのは、持って生まれた顔立ちの才能じゃなくて、あとから足していくものだものね。

地曳　足していくもの。努力で大逆転するコースよ（笑）。そういう人になるためには、「**いろんなところにひと手間入れる**」っていうのが肝心なのよね。服だけとか、髪だけとかじゃなく。

山本　そう、キレイって一点豪華主義じゃないんだよね。爪とかまつ毛だけゴテッと盛って、それ以外はすごく雑だったりすると「小ぎれいさ」は出ない。

地曳　ファッションで言うと、高価なブランドバッグだけ持って安心しちゃうような感じよね。

山本　まさにそう。いろんなところにちょい足し、ちょい足しでひと手間を重ねていった、総合点で決まる。

地曳 基本のお手入れを続けつつ、いけそうだったらここにもひと手間、そこにもひと手間って増やす法則ね。

山本 そうそう。やれることはすごくたくさんあるんだけど、全部きっちりやらなくてもいいの。**覚えておいて、何かのときにやっておけばそれで十分**なんだよね。

地曳 人間だから、サボっちゃったり途中でやめたりすることもあるけど、気づいたらまた始めればいい。すると、ちょっとした気分転換にもなるし、変わっていくのが楽しいし。

山本 そう、**キレイになるのって楽しい**んだよね。生きる力にもなるわけで、大人こそ、その楽しさをたくさん味わって日々に活かしてほしいな。

おばあちゃんがやっていたお手入れを思い出す

思い起こすと、私の母と父方の祖母は相当な美容マニアでした。
祖母が朝起きて最初にしていたのは、体操。一緒に銭湯に行くと、かならず軽石で足の裏を磨き、乾布摩擦や垢すりをしていたものです。鰐淵晴子《わにぶちはるこ》（1960年代に活躍した、ハーフの美人女優）並みの美女だった祖母は、鼻が低かった私に「お湯につかっている間、鼻をつまんでいなさい」と教え（ちょっとヒドい？　笑）、「耳の後ろもよく洗うのよ」と美容の基本を指南しました。朝晩にはクリームもちゃんと塗っていて、本当に肌がキレイだったのを覚えています。

　母はふくよかな体形でしたが、「私の自慢は肌がキレイなこと」と言い切っていましたし、母の姿が見当たらないときは美容院へ行けば見つかる、というくらい美容院にもひんぱんに通っていました。爪もキレイに整えてあったし、サングラスを習慣にしていたので、目の周りにシワもなかったのです。近所の子たちからは「いく子ちゃんのお母さん、ギャングだ」なんて言われていましたが（笑）……。

　こうして、父方と母方の美容ＤＮＡを受け継いだ私は、「このくらいやるのがふつうだ」と思って育ってきたわけです。大人になってから、仕事仲間やプライベートの友人と出張や旅行に行ったとき、お化粧はしてもお手入れをほとんどしない人を見て驚いたと同時に、初めて祖母や母が美容にとても気を使っていたのだと知りました。

お金をかけて楽をするのではなく、ひと手間、ふた手間かけて丁寧にお手入れをする。50代半ばを過ぎた今、改めて思い出すのは、幼い頃に見てきた二人の「基本」なのです。

From Hiromi

素敵なお母様とおばあちゃまですね。私も、原点というと母かもしれません。毎朝、ごく簡単だけれどかならずお化粧をしていて、たとえお休みの日でも、ちゃんと毎日キレイにしていたのを覚えています。それに、昔は「髪を染めるとガンになる」といわれていたので、母は早く亡くなった祖母の年齢を越えるまで、髪を染めずにずっとウィッグをかぶっていたんです。今の私がウィッグに偏見を持っていないのも、やっぱり母のおかげかも？

やっておけばよかったと思うこと

「後悔先に立たず」とは言いますが、私が今「ちゃんとやっておけばよかったなあ」と思っていることは、ボディケアの細かい部分。「体の日焼け止め」と、「ボディクリームを塗ること」です。

日焼け止めは、顔にはちゃんと塗っていても、体まで全部完ぺきとはなかなかいかないもの。スキューバダイビングをしていた頃、私がうまく塗れていなかったのはふくらはぎでした。腕や脚の外側にはちゃんと塗っても、内側をつい忘れがちなのです。それが1度、2度と重なれば、だんだん大きなダメージになって、やがてシミに……。

ボディクリームを塗り忘れていたのは、足の指です。「そんな細かいところ？」と思われるかもしれませんが、私はサンダルが大好きなので、足の指がつねに外気にさらされていることを思えば、やはり気をつけるべきでした。クリームが足の甲だけで指まで届いていなかったことに気づいたときは、指がシワシワ。爪の先まで、すっかり硬くなってしまっていたのです。

私は気づいたところからの再スタートですが、この失敗談が今のうちにあなたのお役に立つことを願っています。スキンケアのほかには、歯のケアもしっかりと。大人になると、歯の健康のありがたさが身にしみるものです。

From Hiromi

私の場合は、いく子さんと反対に、「やらなければよかったなあ」と思ったこともいくつかあります（笑）。

30代くらいの頃はちょうど美容医療が発達してきた頃で、LAまで行ってピーリングを試したら肌が真っ赤にはれたり、美容レーザーでやけどしたりという経験を、よくしていたのです。ほかにも、流行の「アートメイク」で上まぶたにアイラインを入れたのはよかったのですが、おすすめされて下まぶたにも白いインラインを入れたら黄ばんでしまって、「あんなに痛かったのに、効果がない！」と憤慨したことも。

やらなければよかったとはいえ、このくらいは「いい経験」で済みますが、顔にメスを入れる場合は要注意。納得がいかなかった場合、「消す」「元に戻す」ということが難しいので、これだけは慎重になったほうがいいと思います。

立ち居振る舞いも美人の条件

「大人のキレイ」には、立ち居振る舞いも大切な要素。

大きな音を立ててドアを閉めたり、足音を立てて歩き回ったりすると、せっかくの服・髪・メイクも、まるで逆効果。「キレイにしていても、あの人残念ね」になってしまいます。

特に最近、私が気をつけているのは話し方。江戸っ子なので、ついべらんめえ口調になってしまいますが、荒っぽい話し方は聞き手を疲れさせ、傷つけてしまうこともあるからです。「美しく話す」ということを心がけたうえ、気遣いのひとことも添えると完ぺき。ささいなお願いでも「恐れ入りますが」「お手数ですが」のひとことを。

私は、頭が金髪で服はライダースジャケットを着ているような自由な外見でいる分、できるだけ人には礼儀正しく丁寧に接しなくては、と思っています。プラス、笑顔も忘れずに（スマイル０円ですしね）。

「大人は、きちんとしていて当たり前」と思われているもの。

キレイに振る舞ってもほめられることはもうありませんが、その振る舞いを若い人たちが見ている……と思うと、気は抜けませんよね。

From Hiromi

立ち居振る舞いには、まだまだ自信はありませんが、私も女性らしさを忘れない努力はしていますよ。たとえば、「左側にあるものでも右手で取る」。まっすぐ手を伸ばすより上品ですし、女性の体は交差させたほうが美しく見えるのです。座った足も、斜めに流すとキレイ。

それから、鼻の下のうぶ毛。拡大鏡でチェックして、もし生えていたら「いけない、ケモノ度が上がってる！」とすぐにケア。要するに、うぶ毛が生えてしまうような状態って、いい自分を保てていないということなんです。これをほうっておくと、態度もどんどん荒っぽくなって「ケモノ化」してしまうというわけ。鼻の下のうぶ毛は、その危険信号。見つけたらささっとケアして、柔らかくおだやかな気持ちを取り戻すように心がけています。

大人の「香り」について考える

「香り」はキレイの印象を作るのに大いに役立つものですが、間違うと「匂い」になってしまうこともある諸刃の剣。基本的には、つけすぎに注意すれば失敗は防げます。

香りは、下から上へ立ちのぼるもの。私の母は、香り方が軽いオーデコロンを腰から下、膝の裏など、体の下半分につけるようにしていました。冬は、コートの裏地にシュッシュッとふた吹きほど。資生堂の「ＺＥＮ」などオリエンタルな香りを好んでいたのですが、それが大人の年齢には似合っていたと思います。

逆に、最新作の香水は、手っ取り早く今っぽい印象を作るのに効果的。「服は似合わないけれど好き」というブランドで、香水だけ楽しむのもおすすめです。

また、香りには心身を癒やしてくれる力もあります。どんより疲れた顔や、ムスッとして不機嫌な顔のままではいたくないですよね。「大人のキレイ」には、元気とかご機嫌も含まれるものだと思うのです。

体力を使って一日歩き回ったあとや、混雑した電車に乗っているときなど、どうしてもしんどいとき、私はスプレーではなく、練り香水を使います。ポーチからそっと取り出して手首や耳の下に塗ると、強すぎない香りが心をやわらげ、リフレッシュ。もうひと息頑張りたいとき、明るい顔で人に会いたいときなど、効果は抜群です。

ほか、業界人はアロマオイル所持率も高くて、ティッシュやハンカチに数滴たらすなどして気分転換を楽しんでいるようです。

From Hiromi

私も、香水は大好き。加齢臭ケアも兼ねて、忘れないように洗面所と靴箱の上に置いています。出かける前にシュッとひと吹きすると、「匂いケア、大丈夫！」と安心できますし、気分も入れ替わるもの。

使っているのは、フレッシュでみずみずしい香りと、濃厚でセクシーな香り。私のキャラに合うのはフレッシュなほうなのですが、あえてシャネルやトム・フォードなどの重い香りをつけて、ギャップを楽しむこともあります。

「顔の下半身」をシェイプアップ

頬の下からあご・首・デコルテにかけての「顔の下半身」は、大人世代の悩みどころ。下がったお肉やむくみがたまって、そのままほうっておくと、フェイスラインがぼんやり、もったりとあいまいになってしまいます。

すっきりシェイプするのに効果的なのは、マッサージ。フェイスラインから首、デコルテまで、リンパを流すイメージでマッサージしましょう。

①目の周りを流します。目尻↓下まぶた↓目頭↓上まぶたの順に、円を描くようになでます。

②上まぶたを通ったら、こめかみへ。そのまま耳の横を通って、耳の後ろから首へ。首から鎖骨へ、なで下ろします。

③あご下を引き上げます。あごの下に親指をはさむように手を添えて、そのまま耳の下までなで上げます。

④両方の鎖骨の上を、肩へ向かって外側になでます。

厳密に位置を気にしなくとも、なんとなく合っていれば大丈夫。そして、グイ

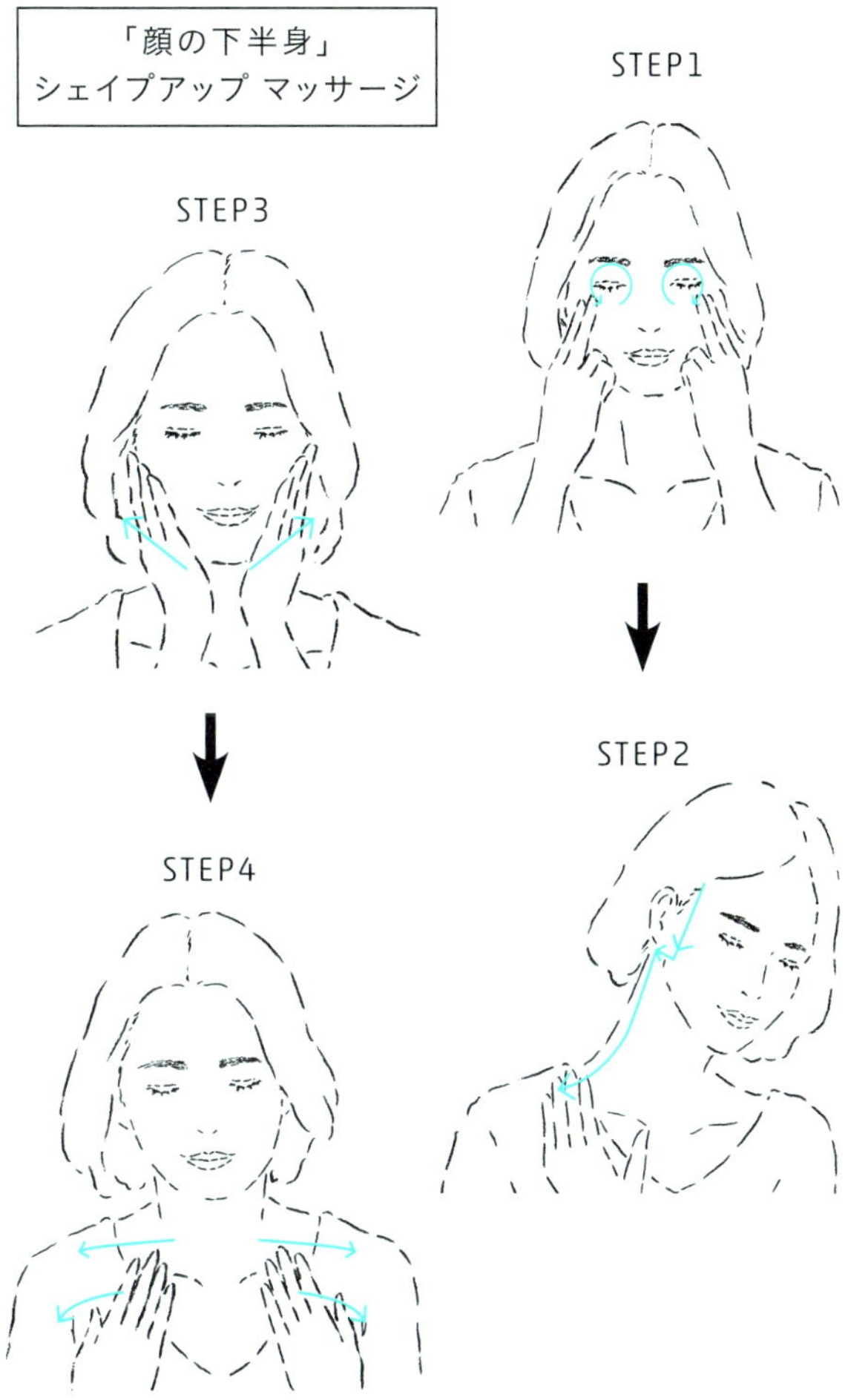

グイやらなくとも「なでる」「さする」だけで、十分効果があります。お肌とは、表面を軽くなでるだけでも血行がよくなり、ちゃんと反応するものなので

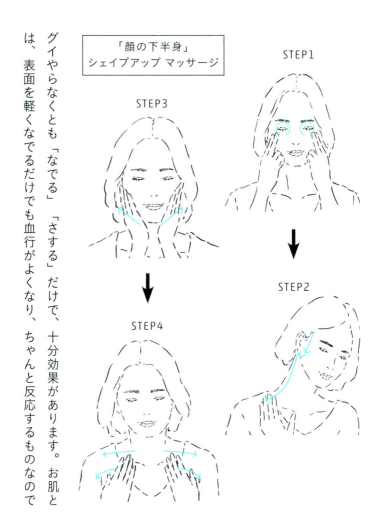

す。私は肌当たりが優しいシルクのフェイスブラシでマッサージしていますが、チークブラシでもかまいませんし、もちろん手でもＯＫ。

大切なのは、「**こうなったらいいなあ」と思う方向に手を動かす**、ということだけ。特に、たるみが気になるところは上へ向かって「クセづけ」するつもりでなで上げましょう。大人のお肉は柔らかくなっていますから、こうして整え続けると、形のクセをつけ直すことができるのです。

毎日、化粧水やクリームを塗るときも、「こうなったらいいなあ」と思う方向に手を動かしましょう。漫然と塗るのではなく、意識を入れると変わってきますよ！

From Ikuko

肥大化する〝下半顔《かはんがん》〟対策のため（笑）、私はメイベリンの「Vフェイスデュオスティック」に手を出してしまいました！　ハイライトとシェーディングを駆使して立体小顔を作る「コントゥアーメイク」ができるもので、境い目のブレンディング（なじませる）さえ上手にやれば、別人になれますよ。

【浩未からの追伸】私の大好きな宝塚でもおなじみのメイク法ですが、これはかなりのテクニック派向き！　もともと影がある大人の顔にさらにシェーディングで影を入れるのは、とても難しいんです。いく子さんはメイクオタクだからいいけど（笑）、安易に手を出すとヤケドします！　大人は気をつけてくださいね。

今の美容は「血行」がキモ

ふだんのお手入れにもうひとつプラスしたいのが、血行促進。今の美容の流行は、「血行」「血色」なのです。

「血気盛ん」という言葉もあるとおり、若い人の体は血がめぐって熱が行き渡っています。でも、大人になるとどんどん血管が細くなり、血行が悪くなってくるもの。そこで、働いていない血管を起こすためには、マッサージやボディブラッシングが効果的。ほか、我が家では、血行をよくするといわれるシナモンのスティックをミネラルウォーターに入れた「シナモン水」も常備しています。

　また、冷えやすいところを温めるのも大切。大人の女性の弱点は「首」がつくところです。首、手首、足首、それからくびれているウエスト。試しにちょっと手首をさわってみてください。意外と冷えているでしょう？　細くなっているところは冷えやすいので、ここを重点的に守って温めてあげるといいのです。

　手足をぐるぐる回したり、反らせたり、靴下・手袋を習慣にすると、腕や脚の冷えやだるさがかなりやわらぎます。デスクワークをするときにリストバンドをつけたり、出かけるときに利き手だけファーブレスをつけるのもおすすめ。私の友人はエルメスのミニスカーフを利き手に巻いて、美容と健康を兼ねたおしゃれをしていましたよ。

From Ikuko

　私がふだん心がけているのは、ストレッチ。体を伸ばすと、すみずみまで血がめぐる感じがして気分もすっきり。自分では伸ばしきれないところは、パーソナルトレーナーに指導してもらってじっくりと。いつまでも元気な体でお気に入りのバンドのライブを楽しみたいので、体が凝り固まらないように気をつけています。

「背脂」にご用心

「後ろ姿に年齢が出る」といわれるとおり、特に気をつけたいのは首のつけ根。ここにお肉がついて背中が丸くなると、後ろ姿が一気にオバサンっぽくなってしまいます。

いらない「背脂」を予防・撃退するには、肩甲骨を開くこと。後ろで手を組み、腕を伸ばして、思いきり胸を張るようにすると、肩が外側に開きます。

もうひとつ、私がやっているのはゴムチューブを使ったストレッチ。両手でチューブを持って、頭の後ろで思いきり開くだけ。力が入りやすく、気持ちがいいのでおすすめです。

もちろん、ふだんから合わせ鏡で後ろ姿をチェックすることも大切。メイクをする鏡の後ろに姿見を置くなど、かならず目につくところに鏡を置いておくのも効果的だと思います。

From Ikuko

本当に、後ろ姿って大事。ファッションをキメても猫背でいたら台なしですよね。私は、気がついたら両肩を下げ、おなかを引っ込め、胸を開くようにしています。

白い部分のメンテナンス

顔の中の「白」といえば、肌のほかには「白目」と「白い歯」。目はいつも水分で濡れている生ものですし、歯は顔の中でいちばん大きな白いところ。両方とも、健康にも清潔感にも大きくかかわるところなので、私はとても大切にメンテナンスしています。

目は、3カ月に1回眼科で健診を受けて、潤いを与える目薬を処方してもらいます。歯科でも半年に1回定期健診を受けるほか、クリーニングも行ないます。毎日丁寧に歯を磨いていてもどんどんくすんでしまうので、プロの手を借りたほうが得策。大人の印象を、格段にクリーンにしてくれます。

From Ikuko

若い頃の不規則な生活がたたってインプラント治療を受けたのですが、本当に大変な治療で、ふだんの歯のケアの大切さをしみじみ思い知りました。今では2カ月に1回、歯のクリーニングに通っています。おしゃれなブランド服を着ていても、くすんだ歯をしていると、それだけで残念な印象になってしまうもの。いつでも、人前で自信を持って笑える口元でいたいものです。

写真を撮られるときのコツ

披露宴、クラス会、友人同士の集まりなどに行くと、たいてい記念写真を撮りますよね。いざというとき後悔しないように、今のうちにキレイな写り方を練習しておきませんか？

やることはひとつ、自分の「キメ顔」を覚えること。

自撮りでも他人撮りでもいいので、とにかく撮られまくって写真をチェックしてみましょう。自分がいちばんキレイに見えるショットでどんな顔の見せ方をしているか、あごの上げ方、肩の入れ方、表情などを観察して、それをいつでもできるように練習して覚えるのです。

あらかじめ「今日は写真を撮られる」とわかっている日は、いつもよりしっかりメイクすることも大切。薄いメイクだと、写真に写ったときにほとんどすっぴんになってしまうからです。三角ゾーン（93ページ）をキレイに整え、「黒」「赤」も忘れずに効かせてください。顔全体を厚塗りにせず、ポイントだけキレイに整えれば、しっかりメイクでも厚化粧には見えないから大丈夫！

From Ikuko

今回一緒にプロフィール写真の撮影をして、浩未さんって本当に写真を撮られるのが上手いなあと思いました（笑）。そこに、こんな秘密があったとは！ 私は、話すのは平気ですがカメラを向けられると照れてしまって、どうもダメなんですよね……。これからは私も、気を抜かずに頑張ります！

【浩未からの追伸】スタイリストのいく子さんは、いつもモデルの「全身」を見ていて、ヘアメイクの私は「首から上」を集中的に見ていますよね。だから私は、顔を撮られるのはけっこう得意だけど、全身はちょっと苦手。逆にいく子さんはパンクなポーズをとったりと全身はお得意なので、これは職業の違いかもしれないですね。

おわりに ――「大人キレイ」の法則

山本浩未

「50の壁」。

そういうものがあるということは、なんとなく聞いていたけれど、「私は大丈夫！」と根拠のない自信を持っていた私。たぶんそれは、生来の楽天的な性格と、美容のプロとしての経験があったからだと思います。

ところが、そんな私が、50ちょっと前に、急にとてつもない不安に襲われました。体調はなんとなくすぐれず、肌の衰えハンパなく、メイクをしてもなんだかしっくりこない。おまけに、何を着ても似合わない……！　いったいどうしちゃったの、私？と。

そんな漠然とした不安にオロオロしていたとき、いく子さんの本を読んだのです。するとそこには、今の時代の大人の女性のリアルな姿と、その対処法が具体的にズバリと書いてありました。

私はすぐに、〝今っぽい〟コートとバッグを買いに出かけました。

そうしたら、あの漠然とした不安はどこへやら、なんだか楽しくなってきたのです。

コートとバッグ。私の場合は本当にそれだけで、暗闇から脱出することができました。

それはもう、雲の間からサーっと太陽の光が出てきたかのようでした。

自分の見た目に納得できるようになったことで、年を重ねていくことはマイナスなことばかりではない、むしろ、歳を重ねて変化していくことは、新たな楽しみとさえ、思えるようになったのです。

ものは見よう、思いよう。そう思って、なんだかやる気が出てきたんです。


ファッションは「スタイル」。つまり「形」です。

髪も、「ヘアスタイル」という言葉からもわかるように、「形」。

それに対してメイクは「ディテール」で、全体の中の「細部」です。

ファッションは、面積が広い分、見た目アップの効果は絶大。私自身は、ディテールであるメイクやヘア、美容的なことはできていても、いまいち全体がパッとしなかったのは、大きな「形」の部分がキマっていなかったからだとわかりました。

見た目が、心の元気にこんなにも効果があるとは！　キレイにしているということが、大人に自信を与えてくれるものだと実感した私は、ある法則を見つけました。

大人は、何かひとつだけキレイにしても素敵にはなれない。いろんなところを底上げしないとダメなのだと。いろんなところを底上げするから、ひとつひとつは少しずつでいい。つまり、難しいテクニックはいらなくて、手間と時間をほんのちょっとプラスするだけで、大人は素敵になれるのだ、ということです。

そこで私は、この本でも触れた、とりあえず誰でもキレイになれる「メイクの白・黒・赤」の法則を編み出しました。

ちょこっとずつなら、ものすごーく頑張らなくてもいいから結果、簡単！　しかもやっただけの成果が出るからやり甲斐がある！

私自身、歳を重ねていくことによる見た目の変化で、生まれ持った見た目のコンプレックスを解消することができました。

手をかければその分ちゃんと見返りがある。それが大人のキレイなのです。そしてそのことをお伝えすると、皆さんキラキラ瞳が輝いてきます。いくつになっても「キレイになりたい！」のです。

今回、私の暗闇を払ってくれたいく子さんからお声をかけていただき、この本をまとめることができました。

見た目しだいで気持ちは変えられる。大人こそ見た目が大事！と、改めて確信しました。キレイに終わりはありません。

地曳いく子（渡辺いく子）

Ikuko Jibiki

1959年生まれ、東京は築地出身の江戸っ子。ファッション誌のスタイリストとしてキャリア30年超を誇る。

ファッション迷子になりがちな50歳からの着こなしについていち早く提言した書籍『50歳、おしゃれ元年。』（集英社）を皮切りに、「週2回は同じ服を着てもいい」「いろいろなテイストを着こなさなくてもいい」など、ファッション界のタブーに切り込んだ書籍『服を買うなら、捨てなさい』『着かた、生きかた』（ともに宝島社）が累計44万部を突破するなど、時代に新風をもたらす新しいおしゃれの切り口がつねに注目を集める。歯に衣着せぬ辛口な語り口も魅力で、全国各地の講演会にひっぱりだこ。漫画家・槇村さとるさんと大人のおしゃれについて語った『大人のおしゃれDo! & Don't ババア上等! 余計なルールの捨て方』（集英社）も好評。

山本 浩未

Hiromi Yamamoto

1964年生まれ、広島県福山市出身。資生堂ビューティークリエーション研究所を経て独立。「今すぐ実践できるテクニック」を発信するヘアメイクアップの第一人者。

明るいキャラクターと明快なメイク理論が人気となり、メイクアップや美容コラムの執筆など多数の連載を持つほか、テレビや講演会、トークショーでも活躍。化粧品や美容グッズの開発にも携わる。

近年は、美容だけでなく健康的に美しく暮らすライフスタイルも提案し、世代を超えた女性たちの支持を集めている。著書に、e-MOOK『おとな美人を作る「メイクの基本」』（宝島社）、『今治美肌タオル付き 洗顔料がいらない洗顔革命! 山本浩未のスチームON顔』（講談社）、『おとなメイクは白・黒・赤だけでいい』（宝島社）、『きれいは力』（幻冬舎）など多数。

大人美容
始めること、やめること

2017年4月27日　第1刷発行

著　者　　地曳いく子　山本浩未
発行人　　蓮見清一
発行所　　株式会社宝島社
〒102-8388　東京都千代田区一番町25番地
電話　営業:03-3234-4621
　　　編集:03-3239-0927
http://tkj.jp

印刷・製本　サンケイ総合印刷株式会社

Printed in Japan
ISBN 978-4-8002-5979-0